Hans J. Schmidt

Dr. F. Üxlein's

MATHEMATISCHE RÄTSEL UND KNOBELAUFGABEN

2. berichtigte Auflage

avd

Aulis Verlag Deubner & Co KG

Die Deutsche Bibliothek – CIP-Einheitsaufnahme

Schmidt, Hans J.:
Dr. F. Üxlein's mathematische Rätsel- und Knobelaufgaben / Hans J. Schmidt. –
2., berichtigte Aufl. – Köln : Aulis-Verl. Deubner, 1997
ISBN 3-7614-1886-8

Best.-Nr. 5106

Druck: Druckerei Plump KG, Rheinbreitbach
ISBN 3-7614-1886-8

Vorwort

Rätsel - gleich welcher Art - erfreuen sich auch in den neueren Lehrwerken zur Mathematik immer größerer Beliebtheit. Sind sie doch im grauen Alltag des Einübens von Rechenregeln und -fertigkeiten eine willkommene Bereicherung.

Die Rätsel sind jedoch meist nicht sehr abwechselungsreich; es gibt da Kreuzzahlrätsel, Rechenschlangen und Knobelaufgaben. Die allseits bekannten Denksportaufgaben und Strategiespiele, wie sie von Gardner, Lietzmann oder Kordemsky für den Unterricht vorgeschlagen und in der Literatur vorgestellt werden, sind - so verblüffend sie auch sein mögen - nur bedingt im Unterricht einsetzbar, weil sie zu speziell und dem mathematischen Vorwissen unserer SchülerInnen selten angepaßt sind.

Wo aber gibt es Materialien, die SchülerInnen im Laufe einer Lernsequenz »bei der Stange halten«?
Wie kann man aus dem alltäglichen Trott des »Löst die Aufgaben auf Seite XX, Nr. Y, a, b, c, d« ausbrechen?
Wie gestaltet man die notwendigen Übungsaufgaben anders und motivierender als die einschlägigen Lehrwerke es vermögen?

»Fragen über Fragen«, würde uns hier das Werbefernsehen mit einem Spot eindecken. Weil aber gerade die Werbung darauf abzielt, uns etwas schmackhaft zu machen, was wir eigentlich gar nicht wollen, sei hier der Vergleich zum Unterricht gestattet. Auch der Lehrer/die Lehrerin sollte versuchen, die im Grunde »stumpfsinnigen Aufgabenpäckchen« in eine etwas gefälligere Form zu bringen, damit strukturelle Motivation (Neugier, Phantasie, Interesse an Ordnung) und u. U. auch ästhetische Motivation geweckt werden.

Die vorliegenden 53 Rätsel - bei weitem nur ein Teil von Möglichkeiten - sollen dem Fachkollegen Anregungen, aber auch Mut geben, selbst einmal tätig zu werden und Rätsel zu erstellen, die speziell auf die eigenen Klassen zugeschnitten sind. So schwer ist das nicht! Ein Hauch von Kreativität und ein wenig Phantasie können die Bearbeitung der trockensten Materie zu einer »lustvollen Beschäftigung« machen.

Inhaltsverzeichnis

Klassenstufe 5/6

Klassenstufe 7/8

Klassenstufe 7/8

Klassenstufe 9/10

Kannst Du diesen Zahlenkreis mit drei Schnitten so zerlegen, daß die Additionsaufgabe stimmt? Ein Tip für Dich: Fang doch an irgendeiner Stelle des Kreises an (z. B. 5013 + 49 = 8729) und mache so lange weiter, bis Du die richtige Lösung gefunden hast.

[ ][ ][ ][ ] + [ ][ ] = [ ][ ][ ][ ]

Welche zwei Zahlen muß man voneinander subtrahieren, damit ein Ergebnis mit drei gleichen Ziffern herauskommt? Ich gebe Dir mal ein Beispiel: 673 - 229 =444 . Insgesamt findest Du unter all den Zahlen drei Lösungen.

697 891 217 12 739 74 960 73 1121 98 795 42 184 81 842

Kannst Du diesen Zahlenkreis mit drei Schnitten so zerlegen, daß die Additionsaufgabe stimmt? Ein Tip für Dich: Fang doch an irgendeiner Stelle des Kreises an (z. B. 5013 + 49 = 8729) und mache so lange weiter, bis Du die richtige Lösung gefunden hast.

4	9	8	7	+	2	6	=	5	0	1	3

Welche zwei Zahlen muß man voneinander subtrahieren, damit ein Ergebnis mit drei gleichen Ziffern herauskommt? Ich gebe Dir mal ein Beispiel: 673 - 229 =444 . Insgesamt findest Du unter all den Zahlen drei Lösungen.

184 - 73 = 111

739 - 73 = 666

739 - 184 = 555

**Ob Du diese schwierige Aufgabe wohl schaffen wirst? Aber klar!
Was ist zu tun?
Du löst die lange Kettenaufgabe. Jedes der 66 Zwischenergebnisse sagt Dir, welche der Zahlen Du nacheinander verbinden mußt.
Sei aber vorsichtig. Einige der Zahlen werden nicht benötigt.
Überlege Dir, wie Du am besten vorgehst, damit Du nicht durcheinanderkommst.**

Start 150 + 108 + 159 + 188 - 131 - 75 - 104 - 232 + 218 + 378 - 311 - 204 + 551 - 648 + 520 - 72 - 255 + 145 - 19 - 327 + 117 + 154 - 144 + 205 + 188 - 278 + 172 - 161 - 8 - 20 - 64 - 101 + 258 - 171 + 71 - 123 - 26 + 378 - 217 + 230 - 173 - 97 + 10 - 156 + 286 - 31 + 138 - 206 + 81 - 125 + 98 + 222 - 227 - 291 + 375 - 76 + 15 + 329 - 204 - 77 + 304 - 152 + 46 - 176 + 168 - 430

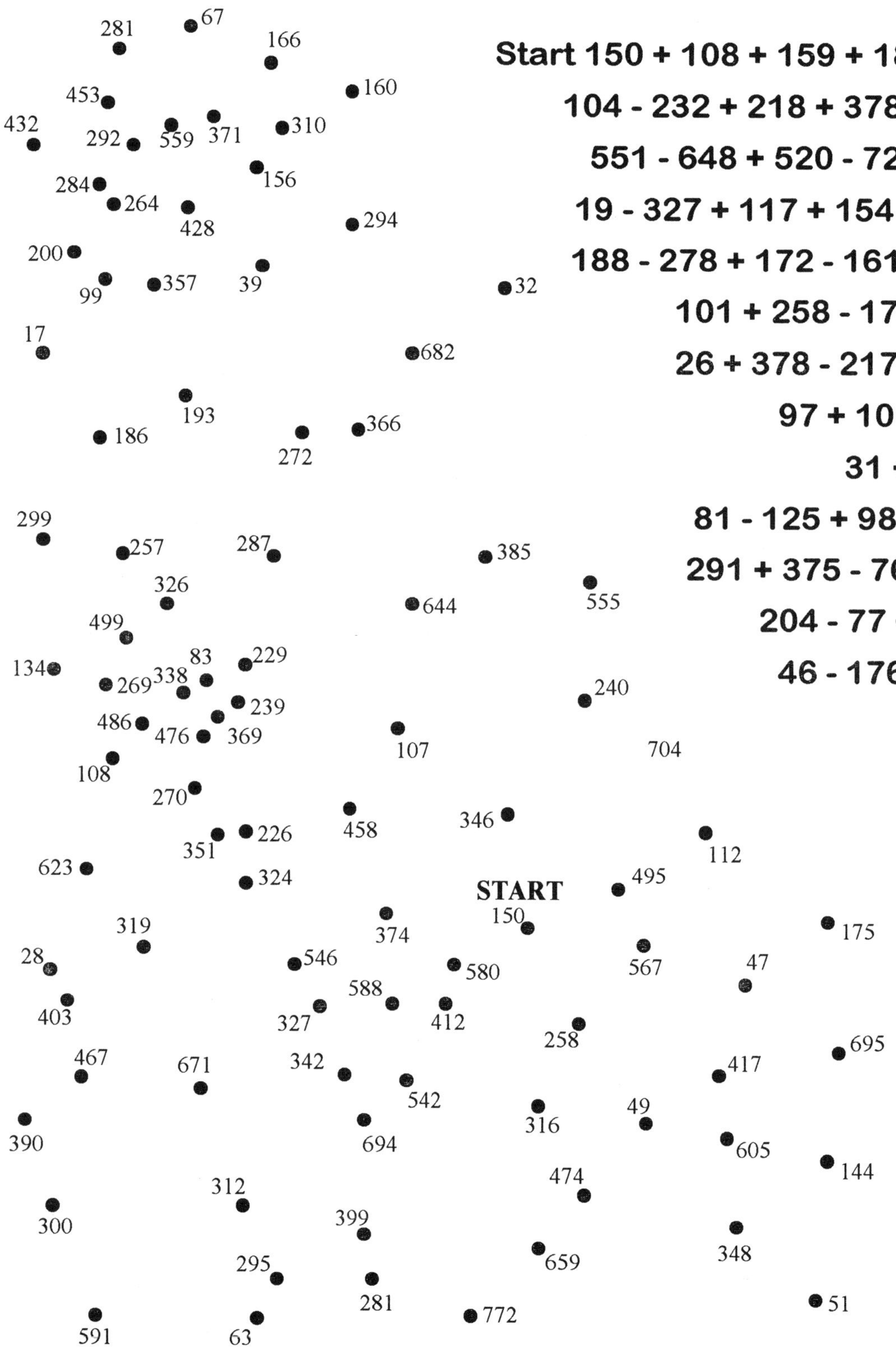

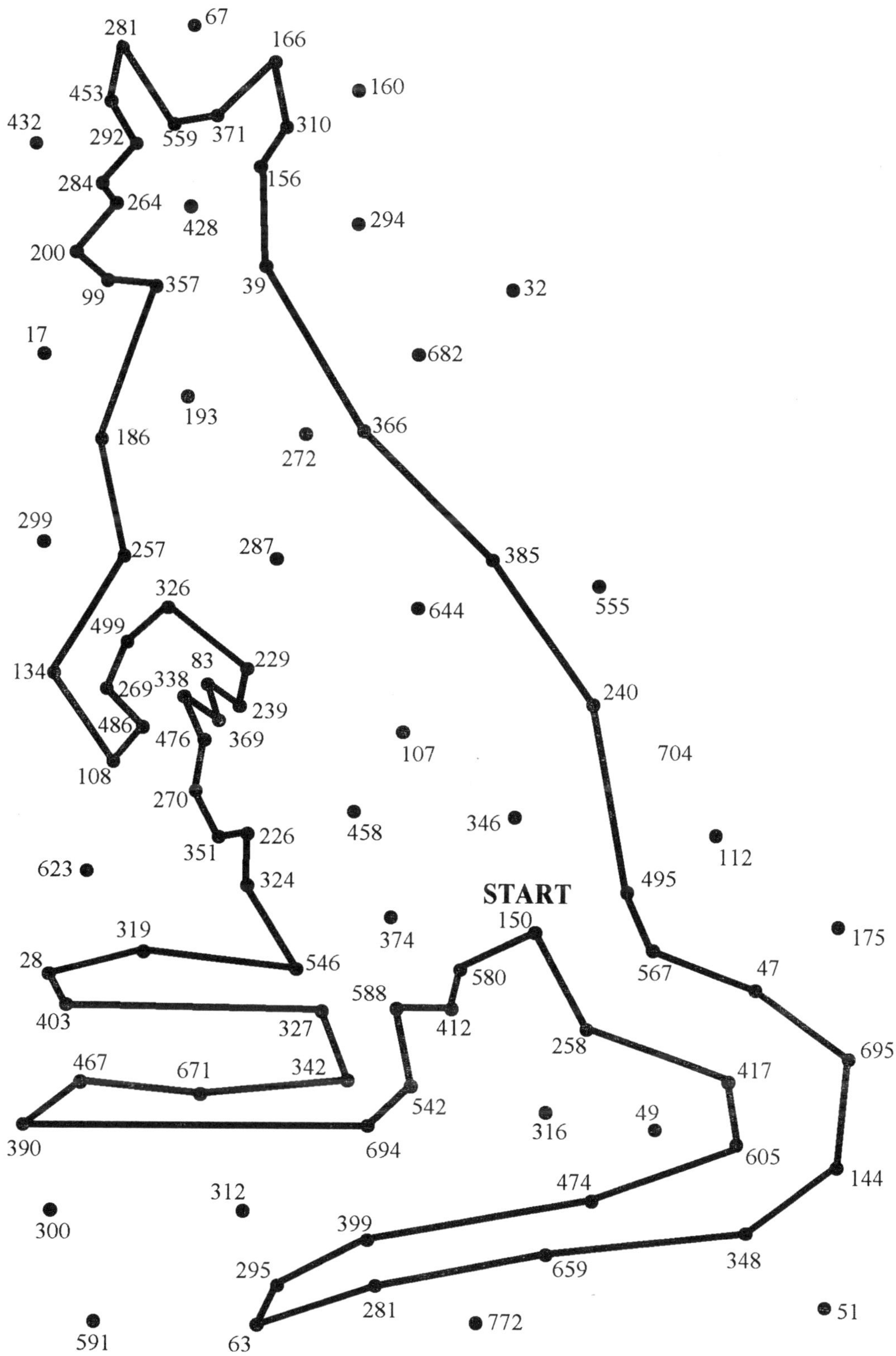

281
67
166
160
453
432
292
559
371
310
156
284
264
428
294
200
99
357
39
32
17
682
193
186
366
272
299
257
287
385
555
326
644
499
134
83
229
269
338
239
240
486
476
369
704
107
108
270
346
458
226
112
351
623
324
495
START
150
374
319
175
28
546
580
567
47
588
403
412
327
258
695
467
671
342
417
542
49
316
390
694
605
474
144
312
300
399
295
659
348
281
772
51
591
63

Ob Du diese schwierige Aufgabe wohl schaffen wirst? Aber klar!
Was ist zu tun?
Du löst die lange Kettenaufgabe. Jedes der 73 Zwischenergebnisse sagt Dir, welche der Zahlen Du nacheinander verbinden mußt.
Sei aber vorsichtig. Einige der Zahlen werden nicht benötigt.

Überlege Dir, wie Du am besten vorgehst, damit Du nicht durcheinanderkommst.

Start 100 - 87 + 388 - 143 + 36 - 244 + 148 - 113 + 322 - 140 - 45 +

102 + 84 - 349 - 43 + 181 - 110 - 33 - 40 + 389 - 380 + 28 + 6 + 199 -

204 + 205 - 201 + 556 - 202 - 43 - 235 - 114 + 37 + 350 - 206 - 146 -

36 + 269 - 132 + 74 - 107 + 270 - 156 - 59 + 207 - 250 + 90 - 211 +

392 - 295 - 103 + 56 + 340 - 140 - 242 + 270 - 279 + 274 + 124 - 190 +

55 + 25 - 229 + 95 + 241 - 55 - 304 - 28 + 201 + 60 - 187 - 78 + 43 + 42

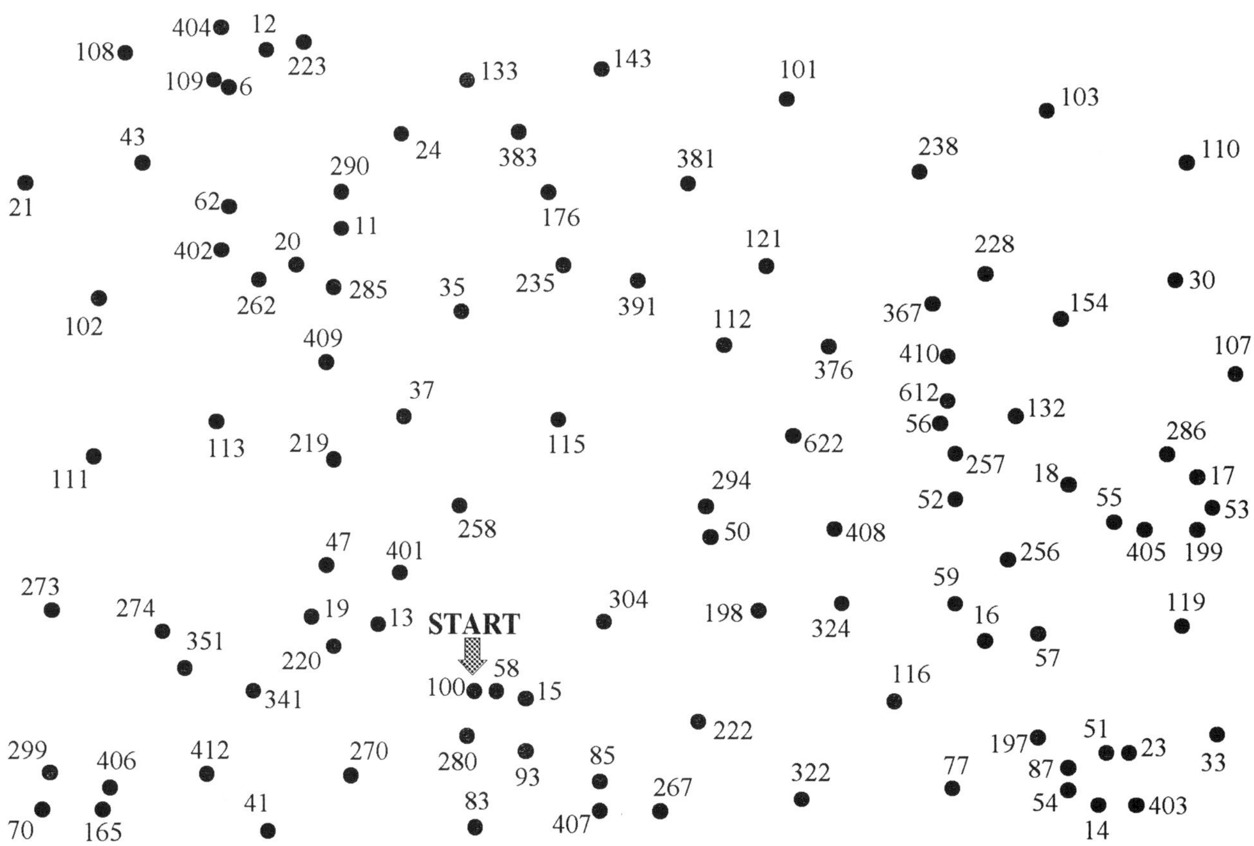

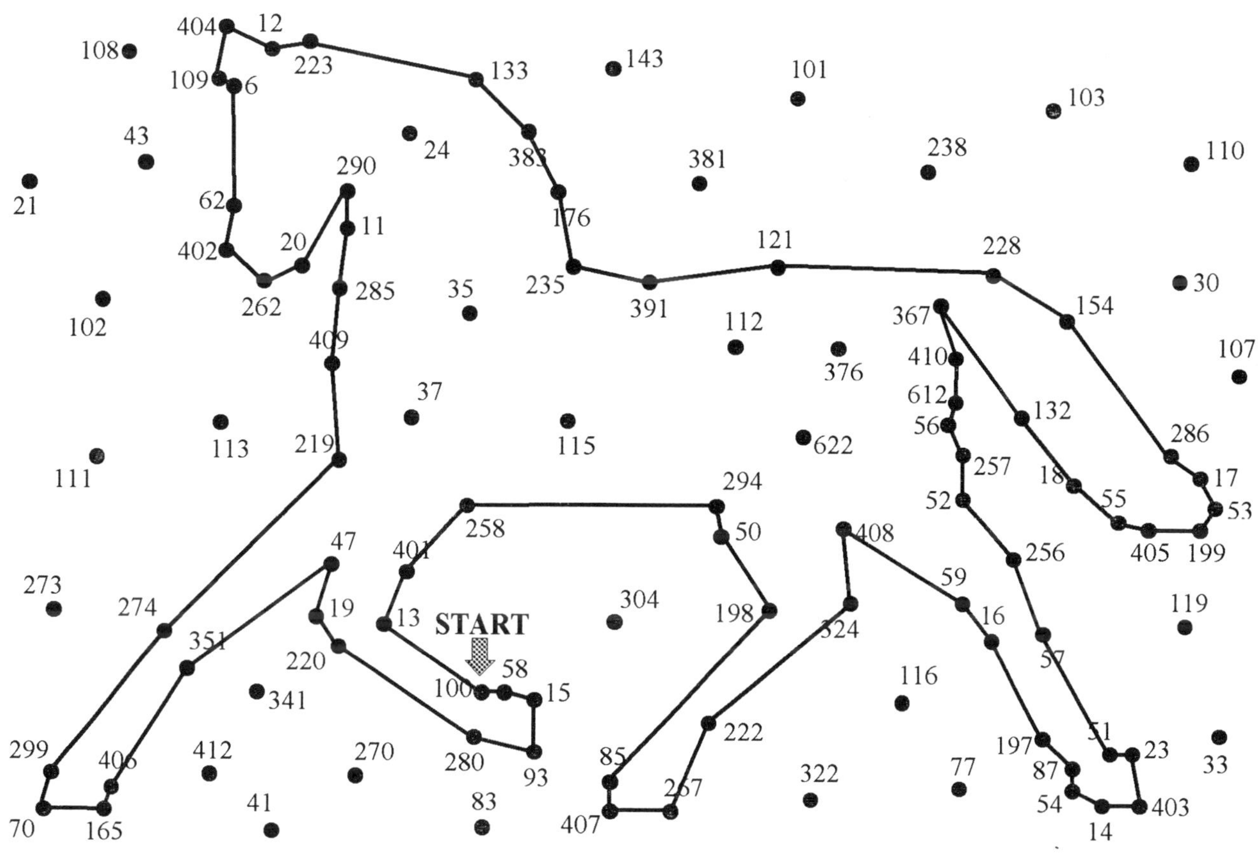
START

Dr. F. Üxlein

Mathematische Rätsel- und Knobelaufgaben

So eine Zahlenpyramide ist ganz einfach zu ergänzen. Addiere jeweils zwei nebeneinanderstehende Zahlen und trage das Ergebnis in das Kästchen darüber ein. Wenn Du es bis zur Spitze schaffst, bist Du einsame Spitze!

					109				
23	32	46	91	37	25	84	58	19	75

Diesmal wird nicht adddiert, sondern subtrahiert. Ziehe also jeweils von zwei nebeneinander stehenden Zahlen die kleinere von der größeren Zahl ab und trage Dein Ergebnis in das Kästchen darunter ein.

20373	54132	40061	9021	3947	25766	8004	52348	19346	7995
	14071								

26813									
13488	13325								
6864	6624	6701							
3514	3350	3274	3427						
1763	1751	1599	1675	1752					
828	935	816	783	892	860				
348	480	455	361	422	470	390			
133	215	265	190	171	251	219	171		
55	78	137	128	62	109	142	77	94	
23	32	46	91	37	25	84	58	19	75

20373	54132	40061	9021	3947	25766	8004	52348	19346	7995
33759	14071	31040	5074	21819	17762	44344	33002	11351	
19688	16969	25966	16745	4057	26582	11342	21651		
2719	8997	9221	12688	22525	15240	10309			
6278	224	3467	9837	7285	4931				
6054	3243	6370	2552	2354					
2811	3127	3818	198						
316	691	3620							
375	2929								
2554									

Dr. F. Üxlein

Mathematische Rätsel- und Knobelaufgaben

Löse die 88 Aufgaben. Dein Ergebnis, das aber richtig sein muß, verrät Dir, welche Punkte Du nacheinander verbinden mußt. Welches Tier dabei entsteht, wird Dir nach 50 Aufgaben klar.

$5 \cdot 8$	$65:13$	$6 \cdot 4$	$7^2 + 10$	$6 \cdot 7$	$5 \cdot 12$	$5 \cdot 9 - 2$	$4 \cdot 15 + 1$
$11 \cdot 4$	$8^2 - 2$	$5 \cdot 9$	$3 \cdot 21$	$6 \cdot 8 - 1$	$4 \cdot 4 \cdot 4$	$4 \cdot 12$	$5 \cdot 13$
$6 \cdot (7 + 4)$	$9^2 + 2$	$4 \cdot 26 - 1$	$10^2 + 1$	$4 \cdot 30$	$4 \cdot 25$	$7 \cdot 17$	$12^2 - 5$
$3 \cdot 41$	$2 \cdot 7 \cdot 9$	$2 \cdot 9 \cdot 9$	$3 \cdot 47$	$3 \cdot 4 \cdot 13$	$11 \cdot 14$	$11 \cdot 16$	$4 \cdot 5 \cdot 9$
$2^3 \cdot 3^3$	$3 \cdot 5 \cdot 13$	$3 \cdot 2^6$	$19 \cdot 11$	$12 \cdot 19$	$16^2 + 6$	$6 \cdot 41$	$2 \cdot 7 \cdot 19$
$2 \cdot 5^3$	$12 \cdot 21$	$36 \cdot 8$	$3 \cdot 89$	$71 \cdot 4$	$3 \cdot 8 \cdot 11$	$16 \cdot 17 + 9$	$6 \cdot 47$
$12 \cdot 25 + 2$	$2 \cdot 12^2$	$36 \cdot 9$	$16 \cdot 19$	$5 \cdot 2^6$	$3 \cdot 10^2 - 1$	$8 \cdot 37$	$24 \cdot 13 + 5$
$4 \cdot 79$	$4 \cdot 74$	$5 \cdot 59$	$91 \cdot 3 + 1$	$3 \cdot 5 \cdot 17$	$3 \cdot 79$	$5 \cdot 44$	$3 \cdot 4 \cdot 17$
$5 \cdot 37$	$23 \cdot 8$	$3 \cdot 5 \cdot 11$	$3 \cdot 7^2$	$11 \cdot 12 - 1$	$3 \cdot 4 \cdot 11$	$4 \cdot 29$	$291 : 3$
$5 \cdot 23$	$672 : 7$	$6 \cdot 19$	$5 \cdot 19$	$11^2 - 8$	$3 \cdot 31$	$3 \cdot 37$	$4 \cdot 23$
$7 \cdot (92 - 79)$	$1036 : 14$	$5 \cdot 11$	$14 \cdot 4$	$171 : 9$	$13 \cdot 3$	$3 \cdot 7$	$415 : 83$

1	19	37	55	73	91	109	127	145	163	181	199	217	235	253	271	289	307
2	20	38	56	74	92	110	128	146	164	182	200	218	236	254	272	290	308
3	21	39	57	75	93	111	129	147	165	183	201	219	237	255	273	291	309
4	22	40	58	76	94	112	130	148	166	184	202	220	238	256	274	292	310
5	23	41	59	77	95	113	131	149	167	185	203	221	239	257	275	293	311
6	24	42	60	78	96	114	132	150	168	186	204	222	240	258	276	294	312
7	25	43	61	79	97	115	133	151	169	187	205	223	241	259	277	295	313
8	26	44	62	80	98	116	134	152	170	188	206	224	242	260	278	296	314
9	27	45	63	81	99	117	135	153	171	189	207	225	243	261	279	297	315
10	28	46	64	82	100	118	136	154	172	190	208	226	244	262	280	298	316
11	29	47	65	83	101	119	137	155	173	191	209	227	245	263	281	299	317
12	30	48	66	84	102	120	138	156	174	192	210	228	246	264	282	300	318
13	31	49	67	85	103	121	139	157	175	193	211	229	247	265	283	301	319
14	32	50	68	86	104	122	140	158	176	194	212	230	248	266	284	302	320
15	33	51	69	87	105	123	141	159	177	195	213	231	249	267	285	303	321
16	34	52	70	88	106	124	142	160	178	196	214	232	250	268	286	304	322
17	35	53	71	89	107	125	143	161	179	197	215	233	251	269	287	305	323
18	36	54	72	90	108	126	144	162	180	198	216	234	252	270	288	306	324

1 19 37 55 73 91 109 127 145 163 181 199 217 235 253 271 289 307
2 20 38 56 74 92 110 128 146 164 182 200 218 236 254 272 290 308
3 21 39 57 75 93 111 129 147 165 183 201 219 237 255 273 291 309
4 22 40 58 76 94 112 130 148 166 184 202 220 238 256 274 292 310
5 23 41 59 77 95 113 131 149 167 185 203 221 239 257 275 293 311
6 24 42 60 78 96 114 132 150 168 186 204 222 240 258 276 294 312
7 25 43 61 79 97 115 133 151 169 187 205 223 241 259 277 295 313
8 26 44 62 80 98 116 134 152 170 188 206 224 242 260 278 296 314
9 27 45 63 81 99 117 135 153 171 189 207 225 243 261 279 297 315
10 28 46 64 82 100 118 136 154 172 190 208 226 244 262 280 298 316
11 29 47 65 83 101 119 137 155 173 191 209 227 245 263 281 299 317
12 30 48 66 84 102 120 138 156 174 192 210 228 246 264 282 300 318
13 31 49 67 85 103 121 139 157 175 193 211 229 247 265 283 301 319
14 32 50 68 86 104 122 140 158 176 194 212 230 248 266 284 302 320
15 33 51 69 87 105 123 141 159 177 195 213 231 249 267 285 303 321
16 34 52 70 88 106 124 142 160 178 196 214 232 250 268 286 304 322
17 35 53 71 89 107 125 143 161 179 197 215 233 251 269 287 305 323
18 36 54 72 90 108 126 144 162 180 198 216 234 252 270 288 306 324

Dr. F. Üxlein

Mathematische Rätsel- und Knobelaufgaben

Von den drei angegebenen Zahlen ist nur eine durch die Zahl in der eckigen Klammer ohne Rest teilbar. Finde heraus, welche Zahl das ist. Trage Dein Ergebnis an die entsprechende Stelle des Kreuzzahlrätsels ein.

A		B	■	C		D
	■		E		■	
	F	■		■	G	
■	H		■	I		■
J		■	K	■	L	M
	■	N			■	
O			■	P		

Waagerecht

A) [17] 15312;16813;17321
C) [11] 2112;2513;3763
G) [24] 1344;1516;1218
H) [19] 1615;1597;1918
I) [12] 518;492;386
J) [13] 915;785;819
L) [14] 448;512;632
N) [4] 2148;2026;2314
O) [5] 2712;2304;2410
P) [6] 1833;1956;2024

Senkrecht

A) [4] 3772;3818;3610
B) [27] 2815;2714;2484
C) [51] 616;912;816
D) [25] 6070;8315;5900
E) [36] 2844;3918;4312
F) [8] 6884;5464;4314
J) [17] 12649;10903;11458
K) [78] 2138;1794;1656
M) [27] 6371;7338;5832

A 9	8	B 9		C 1	9	D 2
4		2	E 7	6		3
3	F 6		9		G 5	6
	H 8	5		I 4	1	
J 6	3		K 2		L 3	M 2
7		N 5	3	7		1
O 4	8	2		P 3	2	6

Dr. F. Üxlein

Mathematische Rätsel- und Knobelaufgaben

Wenn Du die Aufgaben unter den 10 Einzelteilen löst, dann verraten Dir die Lösungen, wohin diese Teile in das große Schema gehören. Übertrage die einzelnen Felder dorthin und Du erhältst einen Gegenstand. Welchen?

32 28 82 48 63

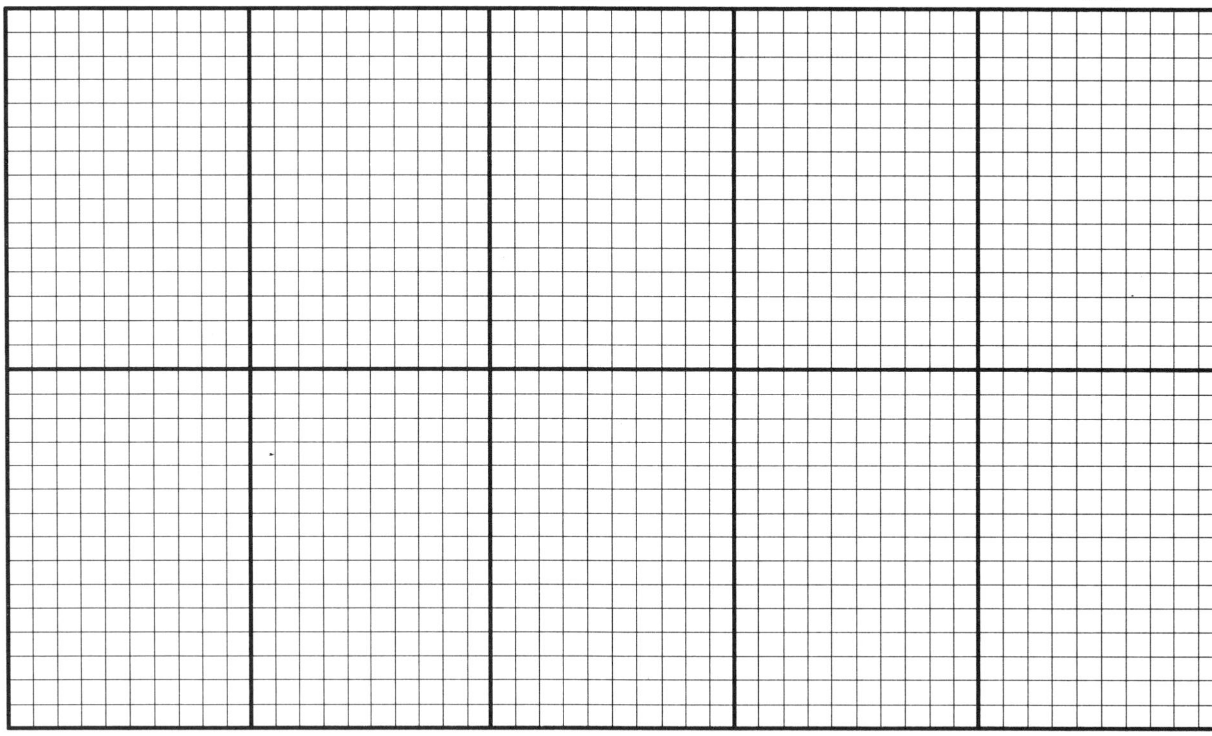

27 31 59 67 41

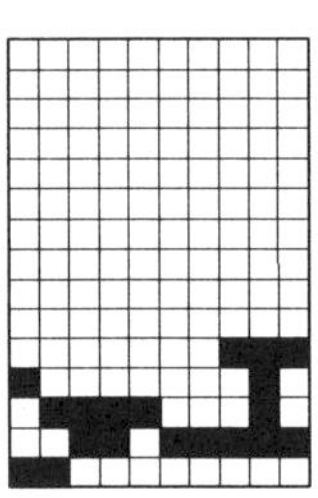

5·17 - 3

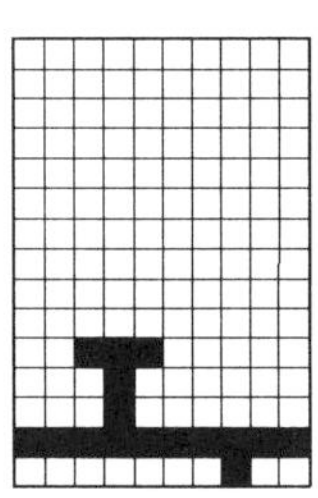

2·2·2·2·3

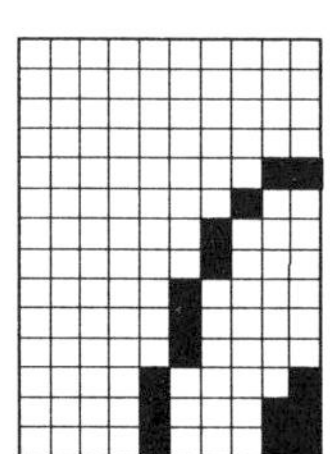

256 : 8

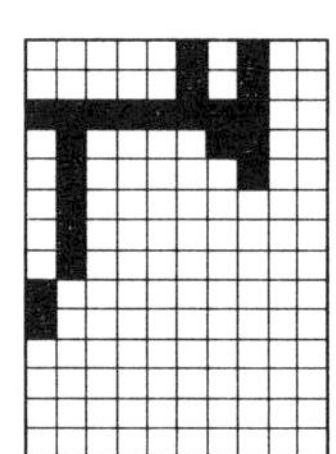

17·5 - 4·11

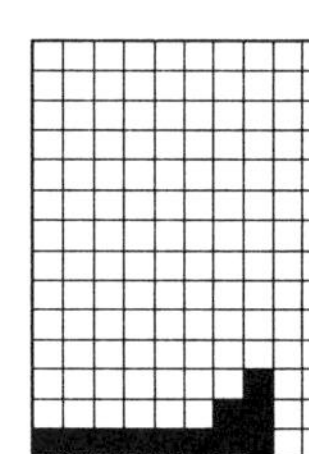

3·3·7

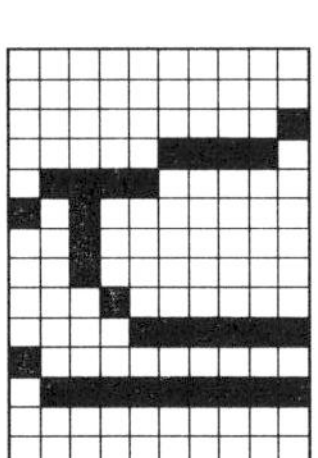

8·9 - 13

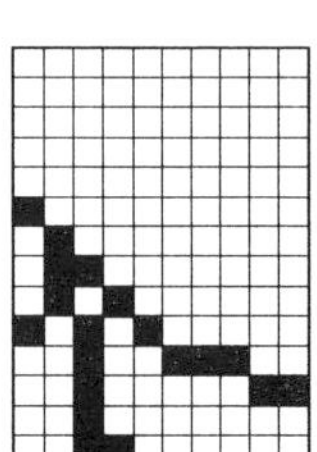

2·2·7

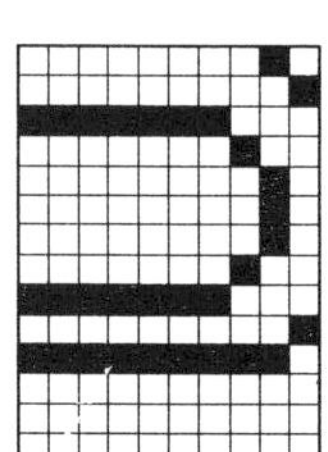

8·13 - 37

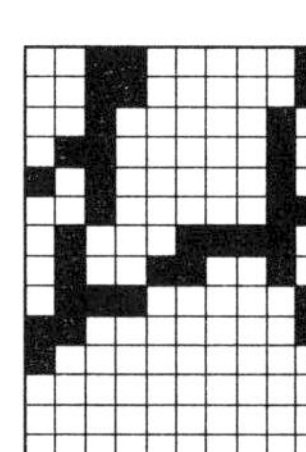

372 : 12

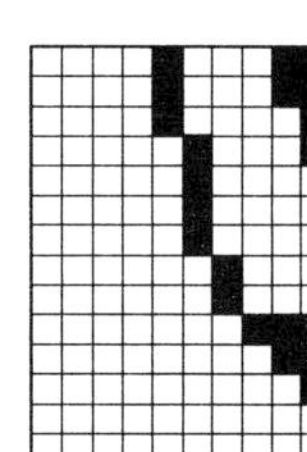

3·3·3

32 28 82 48 63

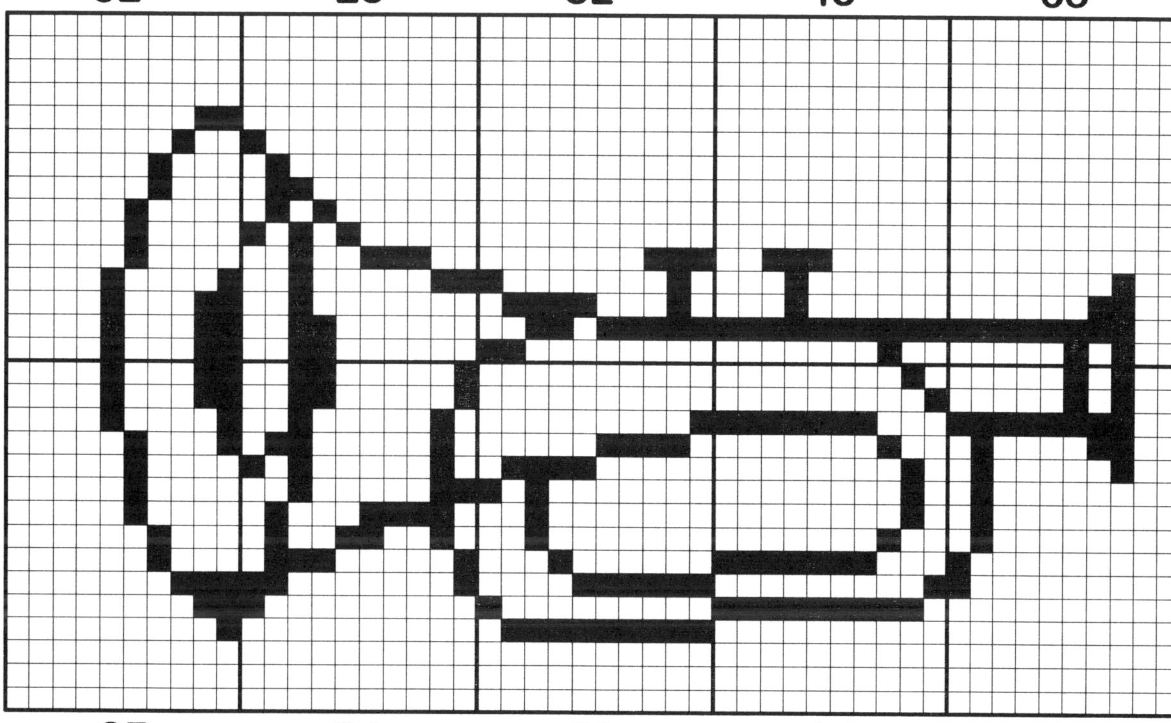

27 31 59 67 41

Dr. F. Üxlein

Mathematische Rätsel- und Knobelaufgaben

Hinter diesem Rätsel verbirgt sich ein langes Lösungswort. Was ist zu tun? Rechne zunächst einmal die Aufgaben, die in den 24 Achtecken stehen. Beginne jeweils mit der Zahl, die über dem gerasterten Dreieck steht und rechne im Uhrzeigersinn weiter. Beachte aber, daß gilt: Punkt- vor Strichrechnung. Wenn Du richtig gerechnet hast, sagt Dir Dein Ergebnis, welchen Buchstaben des Alphabets (A=1, B=2, usw.) Du in die Mitte des Achtecks schreiben sollst. Alle Buchstaben zusammen ergeben dann das Lösungswort.

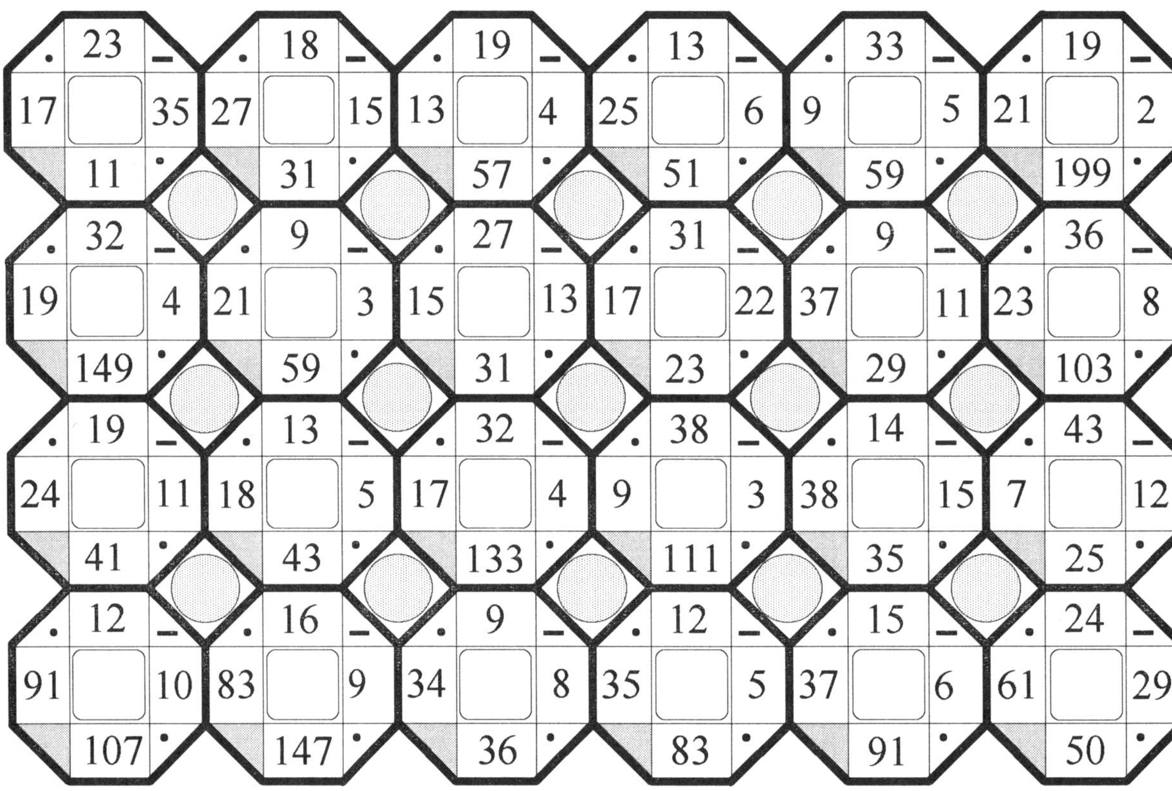

A	B	C	D	E	F	G	H	I	J	K	L	M	N	O	P	Q	R	S	T	U	V	W	X	Y	Z
1	2	3	4	5	6	7	8	9	10	11	12	13	14	15	16	17	18	19	20	21	22	23	24	25	26

·	23	–	·	18	–	·	19	–	·	13	–	·	33	–	·	19	–
17	**6**	35	27	**21**	15	13	**19**	4	25	**19**	6	9	**2**	5	21	**1**	2
	11	·		31	·		57	·		51	·		59	·		199	·
·	32	–	·	9	–	·	27	–	·	31	–	·	9	–	·	36	–
19	**12**	4	21	**12**	3	15	**2**	13	17	**21**	22	37	**14**	11	23	**4**	8
	149	·		59	·		31	·		23	·		29	·		103	·
·	19	–	·	13	–	·	32	–	·	38	–	·	14	–	·	43	–
24	**5**	11	18	**19**	5	17	**12**	4	9	**9**	3	38	**7**	15	7	**1**	12
	41	·		43	·		133	·		111	·		35	·		25	·
·	12	–	·	16	–	·	9	–	·	12	–	·	15	–	·	24	–
91	**22**	10	83	**5**	9	34	**18**	8	35	**5**	5	37	**9**	6	61	**14**	29
	107	·		147	·		36	·		83	·		91	·		50	·

FUSSBALLBUNDESLIGAVEREIN

A	B	C	D	E	F	G	H	I	J	K	L	M	N	O	P	Q	R	S	T	U	V	W	X	Y	Z
1	2	3	4	5	6	7	8	9	10	11	12	13	14	15	16	17	18	19	20	21	22	23	24	25	26

Natürliche Zahlen, die sich als Produkt von zwei gleichen natürlichen Zahlen schreiben lassen, heißen *Quadratzahlen*.

25 ist eine *Quadratzahl*, denn 25 = 5 • 5.

Die ersten 10 Quadratzahlen lauten:

$1^2 = 1$
$2^2 = 4$
$3^2 = 9$
$4^2 = 16$
$5^2 = 25$
$6^2 = 36$
$7^2 = 49$
$8^2 = 64$
$9^2 = 81$
$10^2 = 100$

Jetzt wird es Dir sicherlich nicht schwerfallen, mindestens zehn Quadratzahlen herauszufinden, die sich in dem Zahlenfeld verstecken. Die gesuchten Quadratzahlen sind dreistellig und können waagerecht, senkrecht und diagonal angeordnet sein. Eine Quadratzahl habe ich Dir bereits vorgegeben.

1	3	2	5	3	4	2	0	9	7	3	6
4	6	6	5	4	1	9	7	0	8	7	0
8	3	8	2	7	6	2	5	4	4	3	6
3	4	1	0	5	5	9	7	8	4	2	1
4	8	4	8	0	6	4	1	4	0	3	3
1	4	2	7	1	3	2	6	3	4	5	2
1	7	1	5	6	4	8	0	7	2	9	8
9	5	0	5	3	6	7	2	0	6	9	5
6	1	0	3	0	9	8	6	3	2	0	1
3	7	5	4	2	1	5	7	6	6	4	1

1	3	2	5	3	4	2	0	9	6	3	6
4	6	7	5	4	1	9	7	0	8	7	0
8	3	8	2	7	6	2	5	4	4	3	1
3	4	1	0	5	5	9	7	8	6	2	1
0	7	4	8	0	6	4	1	4	0	3	3
1	4	2	7	1	3	2	6	3	4	5	2
1	7	1	5	6	4	8	0	7	2	9	8
9	5	0	5	3	6	7	2	0	6	9	5
6	1	0	3	0	9	8	6	3	2	0	1
3	7	5	4	2	1	5	7	6	6	4	1

Dr. F. Üxlein

Mathematische Rätsel- und Knobelaufgaben

Löse einmal die kleinen Aufgaben unter den 15 Buchstabenfeldern. Deine Ergebnisse sagen Dir, wohin Du den Buchstaben übertragen mußt. Es ergeben sich Wörter, vor die man immer einen Koch setzen kann.

- **B** 540 : 30
- **C** 1440 : 60
- **E** 15300 : 1700
- **F** 144 : 4
- **G** 13500 : 500
- **H** 8400 : 700
- **I** 1800 : 120
- **K** 27000 : 9000
- **N** 9600 : 1200
- **O** 1120 : 70
- **P** 17500 : 700
- **R** 1120 : 40
- **S** 12600 : 600
- **T** 18000 : 900
- **U** 1870 : 170

18 B 11 U 24 C 12 H
20 T 16 O 25 P 36 F
25 P 28 R 16 O 18 B 9 E
3 K 11 U 8 N 21 S 20 T
27 G 9 E 21 S 24 C 12 H 15 I 28 R 28 R

Dr. F. Üxlein

Mathematische Rätsel- und Knobelaufgaben

Berechne die 16 Additionsaufgaben. In jedem Ergebnis taucht nur einmal die Ziffer 5 auf. Wenn Du jetzt an dieser Stelle den Buchstaben notierst, der in der oberen Leiste zu finden ist, erhältst Du einen englischen Lösungsspruch, der zu gut Deutsch besagt, daß keine Nachrichten nicht einmal ganz so schlecht sind.

	D	E	G	I	N	O	S	W
1								
2								
3								
4								
5								
6								
7								
8								
9								
10								
11								
12								
13								
14								
15								
16								

24384517
\+ 45230091
\+ 3710431

3556723
\+ 4963601
\+ 3301192

18850443
\+ 9454669
\+ 14410517

997386
\+ 11689654
\+ 12419599

84987
\+ 21792386
\+ 22835472

11005562
\+ 23100984
\+ 56117105

19664390
\+ 8471987
\+ 14618095

991675
\+ 40577328
\+ 19075250

13672595
\+ 6472869
\+ 16383366

39564035
\+ 17743338
\+ 5027138

6975441
\+ 9087674
\+ 7251467

21879054
\+ 15286093
\+ 17497346

31559882
\+ 4676897
\+ 3988333

3444708
\+ 9762549
\+ 2239751

888976
\+ 4552367
\+ 26902822

59763555
\+ 8443806
\+ 4795090

	D	E	G	I	N	O	S	W
1	7	3	3	2	5	0	3	9
2	1	1	8	2	1	5	1	6
3	4	2	7	1	5	6	2	9
4	2	5	1	0	6	6	3	9
5	4	4	7	1	2	8	4	5
6	9	0	2	2	3	6	5	1
7	4	2	7	5	4	4	7	2
8	6	0	6	4	4	2	5	3
9	3	6	5	2	8	8	3	0
10	6	2	3	3	4	5	0	3
11	2	3	3	1	4	5	8	2
12	5	4	6	6	2	4	9	3
13	4	0	2	2	5	1	1	2
14	1	5	4	4	7	0	0	8
15	3	2	3	4	4	1	6	5
16	7	3	0	0	2	4	5	1

NO NEWS IS GOOD NEWS

Dr. F. Üxlein

Mathematische Rätsel- und Knobelaufgaben

Ich hoffe, Dir machen Riesenzahlen nichts aus. Berechne die 18 Subtraktionsaufgaben. In jedem Ergebnis taucht nur einmal die Ziffer 7 auf. Wenn Du jetzt an dieser Stelle den Buchstaben notierst, der in der oberen Leiste zu finden ist, erhältst Du einen englischen Lösungsspruch, der zu gut Deutsch besagt, daß alle Wege nach Rom führen.

	A	D	E	L	M	O	R	S	T
1									
2									
3									
4									
5									
6									
7									
8									
9									
10									
11									
12									
13									
14									
15									
16									
17									
18									

1
1309559925
\- 545230091

2
2017288142
\- 1765543634

3
529711083
\- 125911651

4
1011359380
\- 387956637

5
938703583
\- 427336358

6
920339463
\- 177305834

7
666957413
\- 490334299

8
618714009
\- 276094637

9
1144223960
\- 320467322

10
934653301
\- 787432663

11
1346612153
\- 564473129

12
1081319188
\- 710786543

13
840774555
\- 197455328

14
1400219665
\- 836972553

15
1048196172
\- 547883429

16
955302405
\- 839765047

17
919146260
\- 455776208

18
544877186
\- 76943985

	A	D	E	L	M	O	R	S	T
1	7	6	4	3	2	9	8	3	4
2	2	5	1	7	4	4	5	0	8
3	4	0	3	7	9	9	4	3	2
4	6	2	3	4	0	2	7	4	3
5	5	1	1	3	6	7	2	2	5
6	7	4	3	0	3	3	6	2	9
7	1	7	6	6	2	3	1	1	4
8	3	4	2	6	1	9	3	7	2
9	8	2	3	7	5	6	6	3	8
10	1	4	7	2	2	0	6	3	8
11	7	8	2	1	3	9	0	2	4
12	3	7	0	5	3	2	6	4	5
13	6	4	3	3	1	9	2	2	7
14	5	6	3	2	4	7	1	1	2
15	5	0	0	3	1	2	7	4	3
16	1	1	5	5	3	7	3	5	8
17	4	6	3	3	7	0	0	5	2
18	4	6	7	9	3	3	2	0	1

A
L
L

R
O
A
D
S

L
E
A
D

T
O

R
O
M
E

Dr. F. Üxlein

Mathematische Rätsel- und Knobelaufgaben

Es geht die Sage, daß sich der Erfinder des Schachspiels für seinen genialen Spielevorschlag vom persischen König etwas erbitten durfte. Er wünschte sich die Summe Reiskörner, die sich ergibt, wenn man auf das erste Feld eines Schachbrettes 1 Reiskorn legt, auf das zweite 2 Reiskörner, auf das dritte 4 Reiskörner, auf das vierte 8 Reiskörner, also auf jedes nachfolgende Feld doppelt so viel Körner wie auf das vorhergehende. Der König stimmte diesem Wunsch zu, konnte ihn aber nicht erfüllen. Warum wohl nicht? Rechne einmal aus, wie viele Körner auf dem 64. Feld des Schachspiels liegen. Um zu erfahren, wie viele Körner Reis er insgesamt erhalten hätte, mußt Du alle Zahlen addieren. Viel Spaß.

1	1.
2	2.
4	3.
8	4.
16	5.
32	6.
	7.
	8.
	9.
	10.
	11.
	12.
	13.
	14.
	15.
	16.
	17.
	18.
	19.
	20.
	21.
	22.
	23.
	24.
	25.
	26.
	27.
	28.
	29.
	30.
	31.
	32.
	33.
	34.
	35.
	36.
	37.
	38.
	39.
	40.
	41.
	42.
	43.
	44.
	45.
	46.
	47.
	48.
	49.
	50.
	51.
	52.
	53.
	54.
	55.
	56.
	57.
	58.
	59.
	60.
	61.
	62.
	63.
	64.

Insgesamt sind es
18 446 744 073 709 551 615 Reiskörner

1	1.
2	2.
4	3.
8	4.
16	5.
32	6.
64	7.
128	8.
256	9.
512	10.
1024	11.
2048	12.
4096	13.
8192	14.
16384	15.
32768	16.
65536	17.
131072	18.
262144	19.
524288	20.
1048576	21.
2097152	22.
4194304	23.
8388608	24.

16777216	25.
33554432	26.
67108864	27.
134217728	28.
268435456	29.
536870912	30.
1073741824	31.
2147483648	32.
4294967296	33.
8589934592	34.
17179869184	35.
34359738368	36.
68719476736	37.
137438953472	38.
274877906944	39.
549755813888	40.
1099511627776	41.
2199023255552	42.
4398046511104	43.
8796093022208	44.
17592186044416	45.
35184372088832	46.
70368744177664	47.
140737488355328	48.
281474976710656	49.
562949953421312	50.
1125899906842624	51.
2251799813685248	52.
4503599627370496	53.
9007199254740992	54.
18014398509481984	55.
36028797018963968	56.
72057594037927936	57.
144115188075855872	58.
288230376151711744	59.
576460752303423488	60.
1152921504606846976	61.
2305843009213693952	62.
4611686018427387904	63.
9223372036854775808	64.

Dr. F. Üxlein

Mathematische Rätsel- und Knobelaufgaben

Wenn Du wissen willst, wer oder was sich hinter meinem Rätsel versteckt, dann mußt Du die 43 Divisionsaufgaben lösen. Die Lösung verrät Dir, welchen Gitterpunkt Du ansteuern mußt. Die erste Lösung habe ich Dir bereits vorgegeben. Sie lautet 1009. Was heißt das für Dich? Du gehst, von der linken unteren Ecke aus gesehen, 10 Einheiten nach rechts und dann 9 Einheiten nach oben. Markiere Dir diesen Punkt. Von diesem Punkt aus zeichnest Du die Verbindung zum nächsten Punkt, den Du Dir allerdings erst berechnen mußt.

7063 : 7 = 1009	14098 : 14	25415 : 23	21033 : 19
17153 : 17	27270 : 27	17309 : 19	23764 : 26
14670 : 18	9785 : 19	8532 : 27	1508 : 13
6682 : 13	13464 : 22	17108 : 28	16416 : 18
29377 : 29	21834 : 18	31108 : 22	9084 : 6
41208 : 34	25530 : 23	25368 : 21	13244 : 11
9027 : 9	28824 : 24	11214 : 14	16169 : 23
13823 : 23	6416 : 16	2718 : 9	8442 : 14
6552 : 13	7714 : 19	12725 : 25	9165 : 15
9243 : 13	29160 : 36	30872 : 34	38266 : 38
16080 : 16	28896 : 32	35232 : 32	

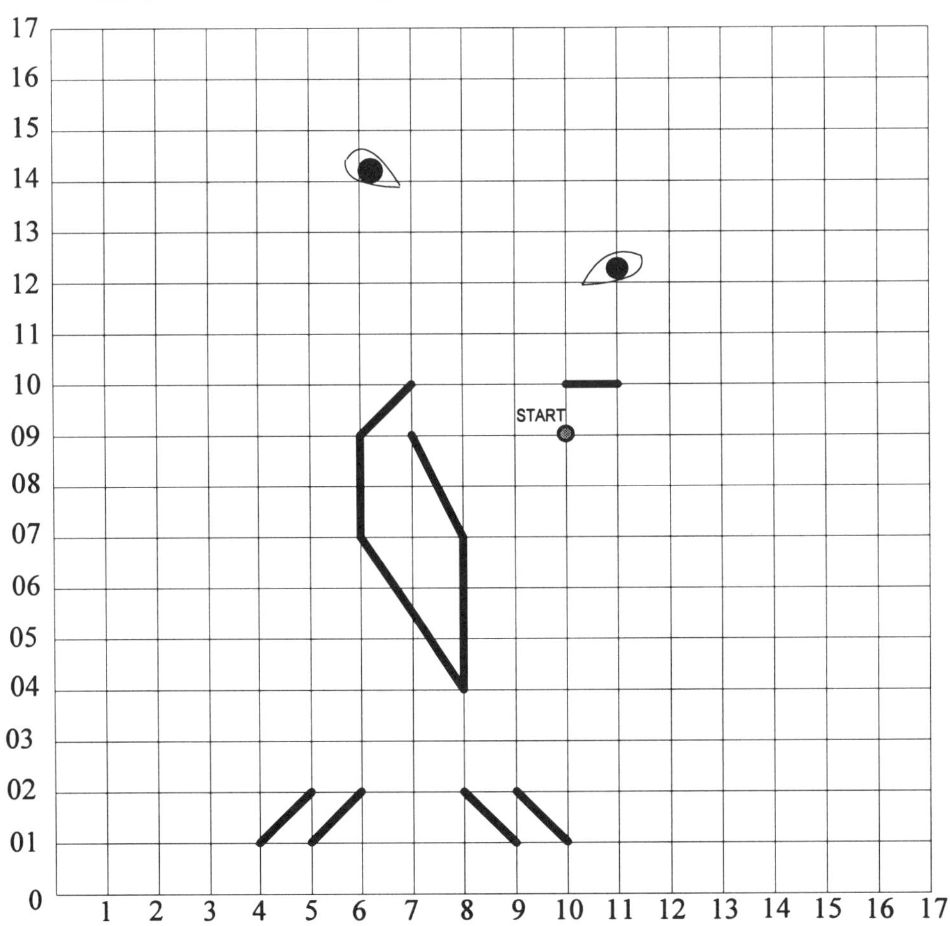

7063 : 7 = 1009	➤	1007	➤	1105	➤	1107	➤
1009	➤	1010	➤	911	➤	914	➤
815	➤	515	➤	316	➤	116	➤
514	➤	612	➤	611	➤	912	➤
1013	➤	1213	➤	1414	➤	1514	➤
1212	➤	1110	➤	1208	➤	1204	➤
1003	➤	1201	➤	801	➤	703	➤
601	➤	401	➤	302	➤	603	➤
504	➤	406	➤	509	➤	611	➤
711	➤	810	➤	908	➤	1007	➤
1005	➤	903	➤	1101			

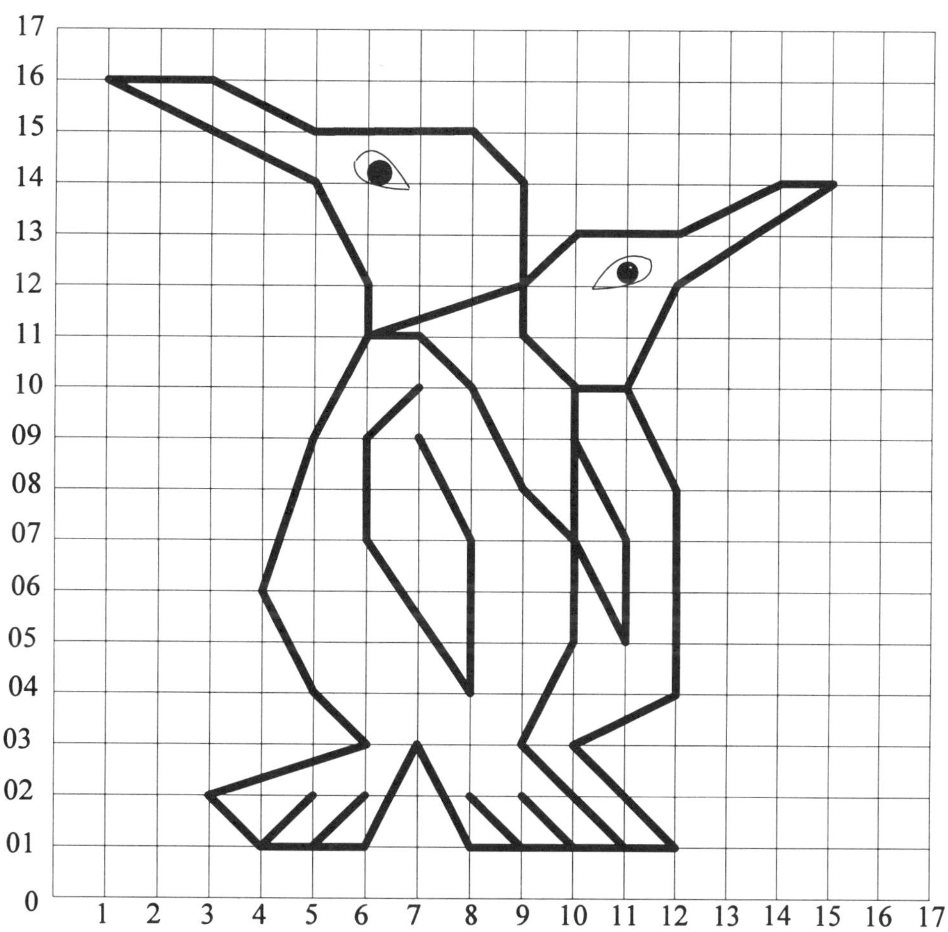

Dr. F. Üxlein

Mathematische Rätsel- und Knobelaufgaben

Wenn Du die Aufgaben unter den 15 Einzelteilen richtig löst, dann verraten Dir die Ergebnisse, wohin Du diese Teile im großen Schema übertragen mußt. Also nimm Dir schnell einen Bleistift und lege los! Erkennst Du das Tier?

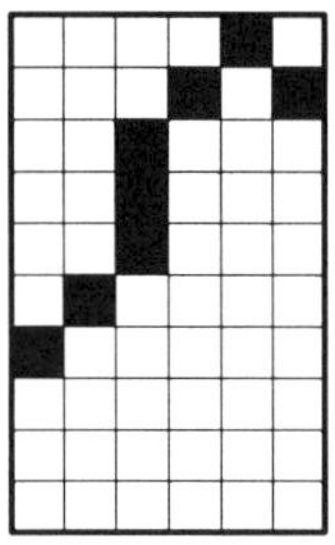

14424 : 3

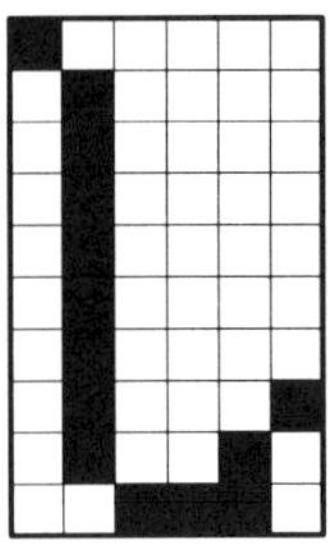

95400 : 6

44100 : 7

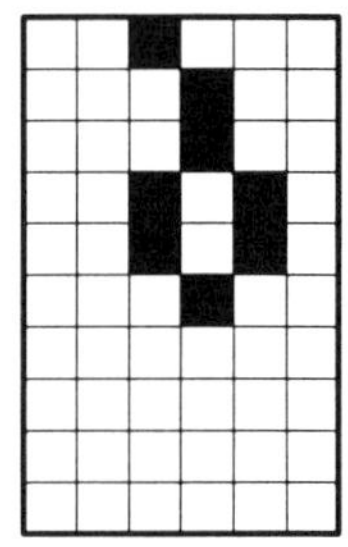

25902 : 3

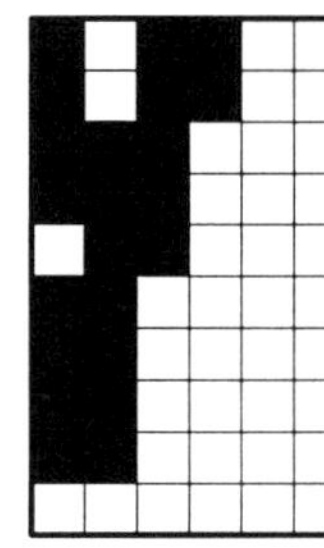

574987 : 7

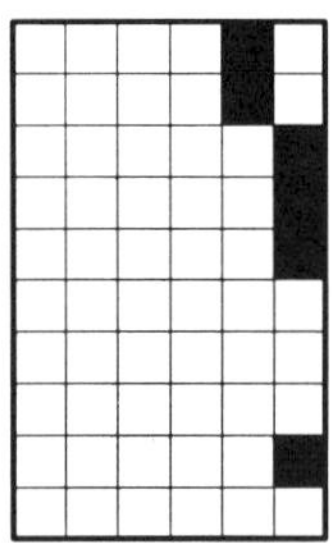

8440 : 4

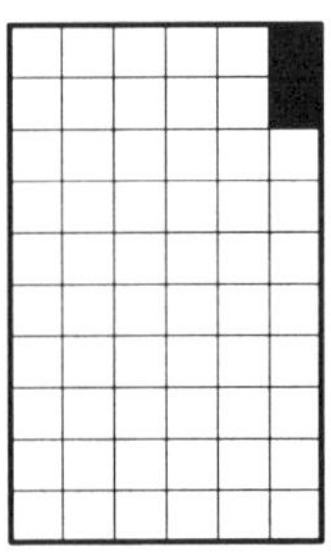

24960 : 4

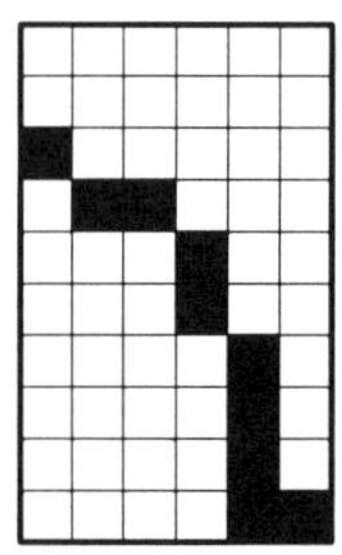

210435 : 5

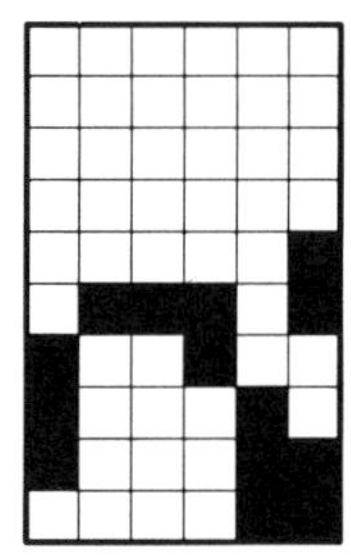

93416 : 8

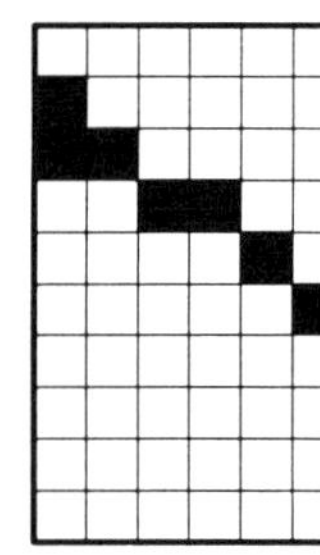

8322 : 6

85383 : 9

80983 : 7

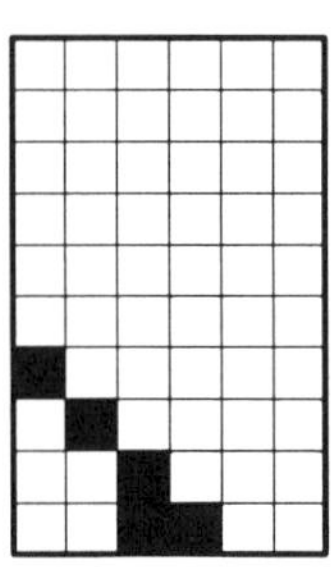

57276 : 4

274284 : 3

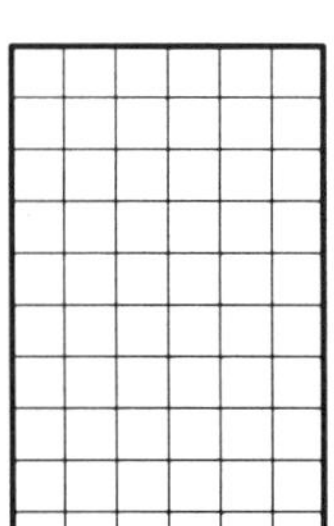

586232 : 8

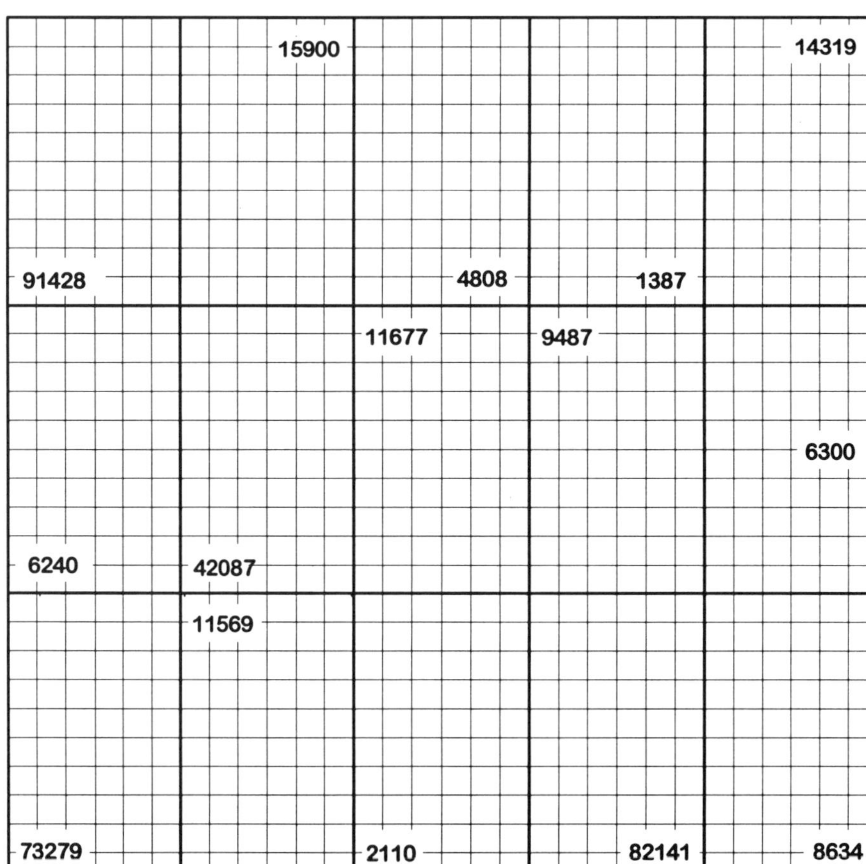

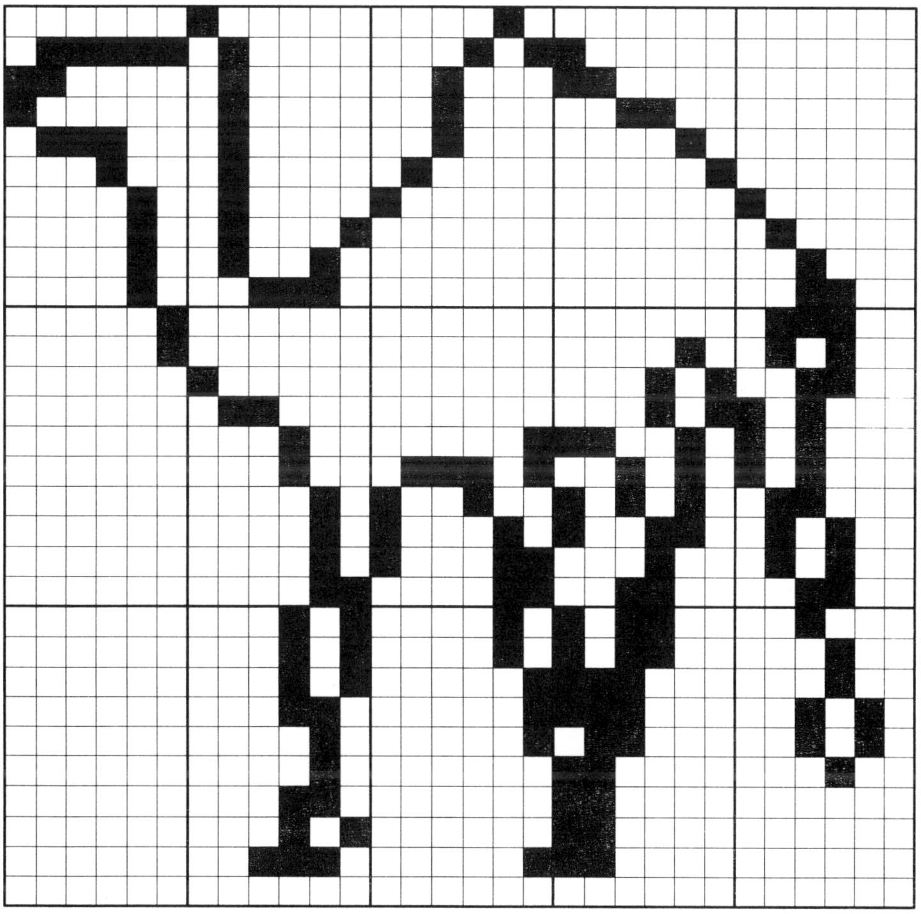

In die 17 Kreise sollst Du die Zahlen 1 - 17 eintragen. Ein Haken ist natürlich dabei. Die Summe der Zahlen in jeweils fünf miteinander verbundenen Kreisen soll immer 51 betragen. Schaffst Du das?

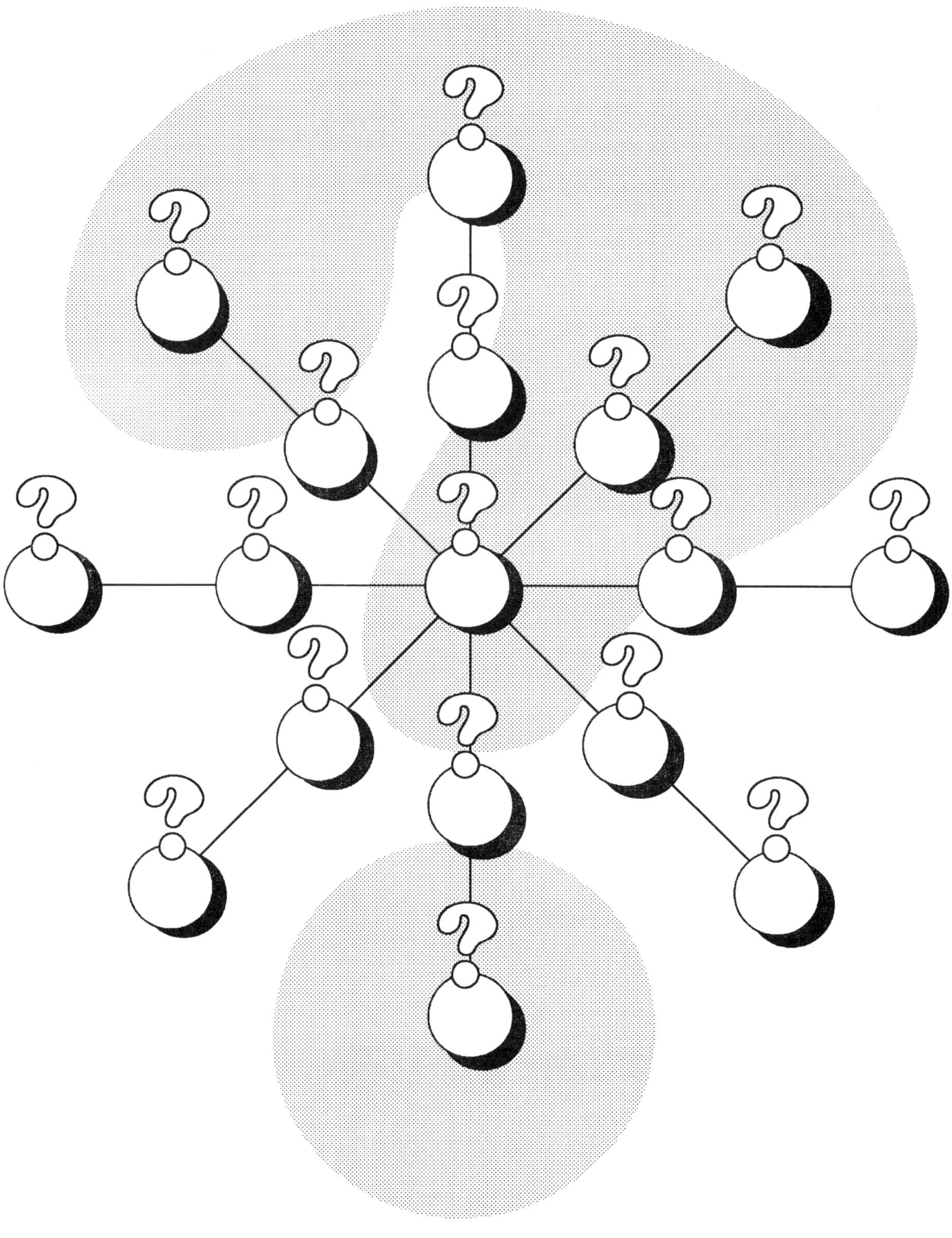

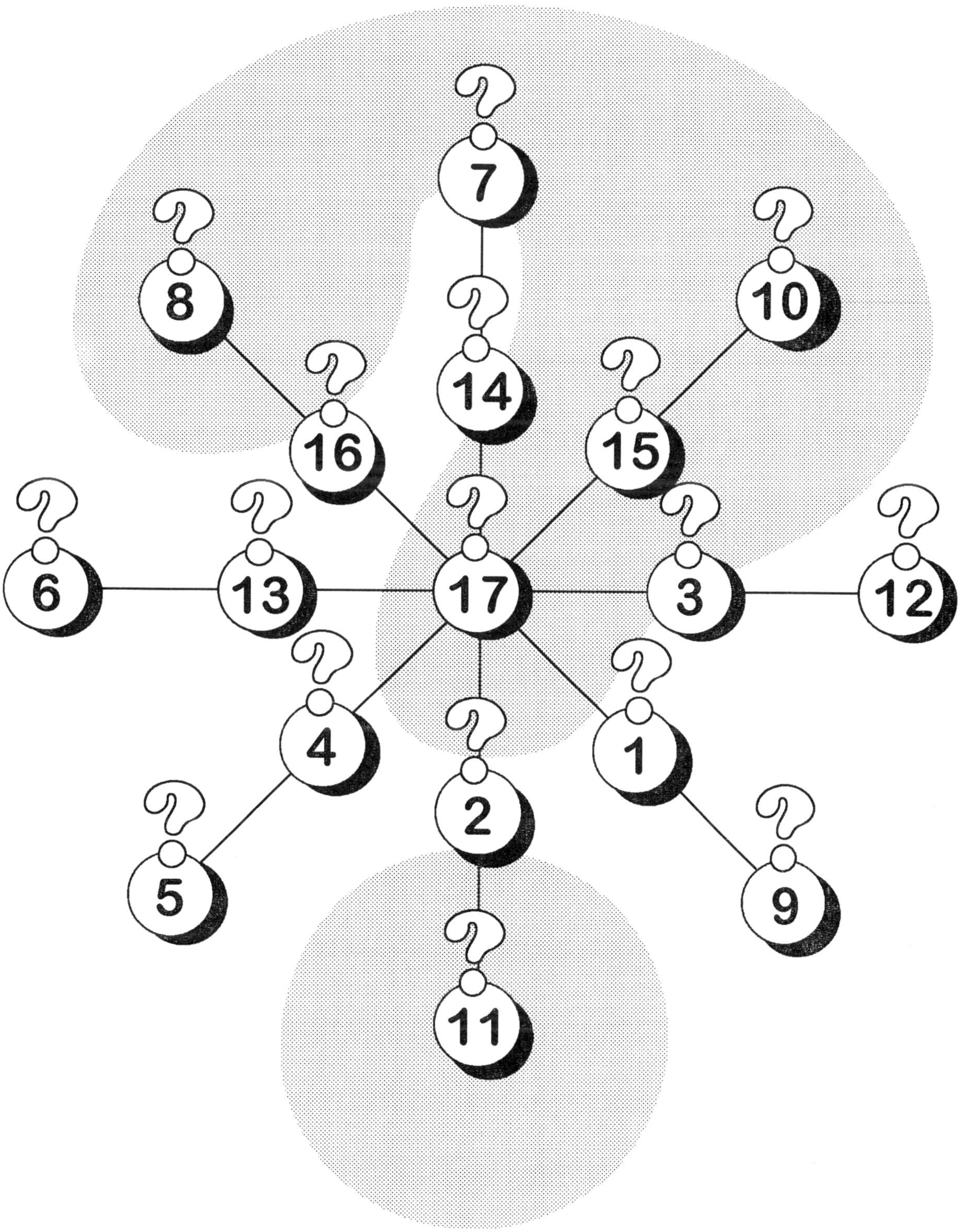
7
8
10
14
16
15
6
13
17
3
12
4
1
2
5
9
11

Weißt Du, was Primzahlen sind?
Klar doch! Primzahlen sind solche Zahlen, die nur durch 1 und durch sich selbst teilbar sind. Die erste Primzahl ist 2, weil sie nur die Teiler 1 und 2 hat.
Du sollst jetzt die Ziffern 0 - 7 so auf die Ecken des Würfels verteilen, daß die Summe zweier Zahlen auf einer Kante jeweils eine Primzahl ist. Da so ein Würfel zwölf Kanten hat, tauchen natürlich einige Primzahlen mehrfach auf.

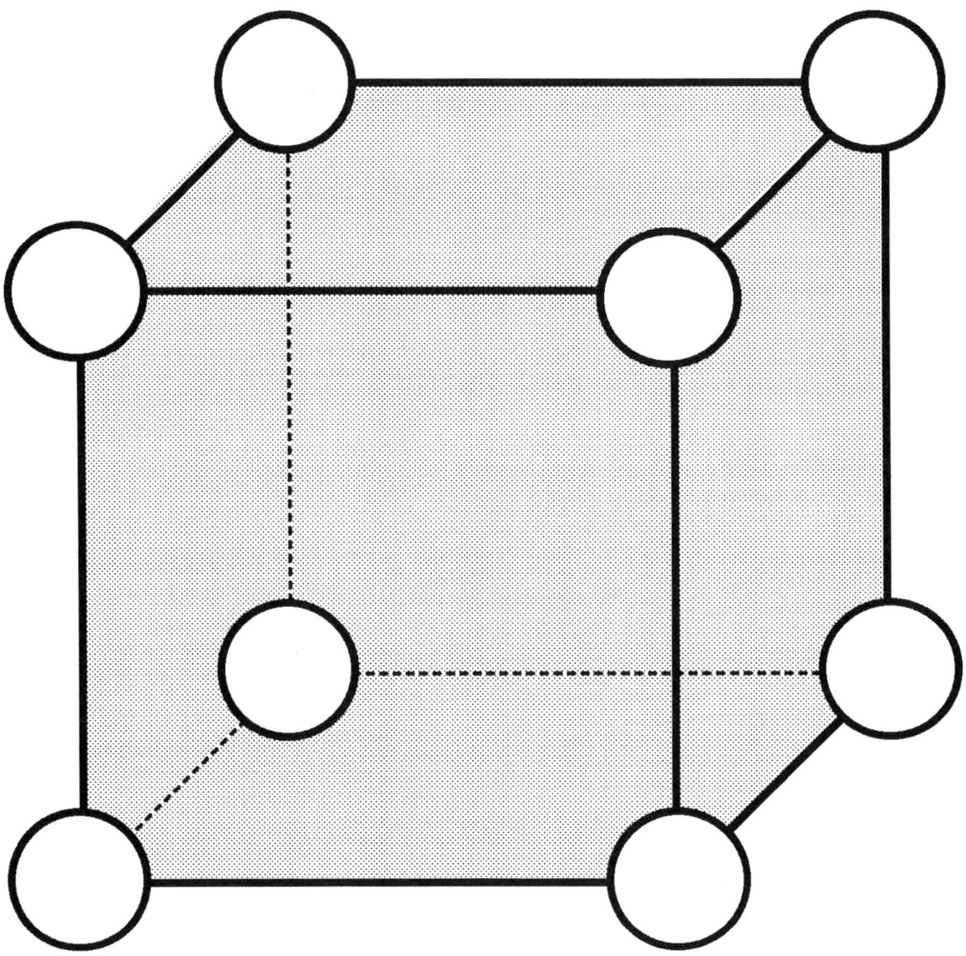

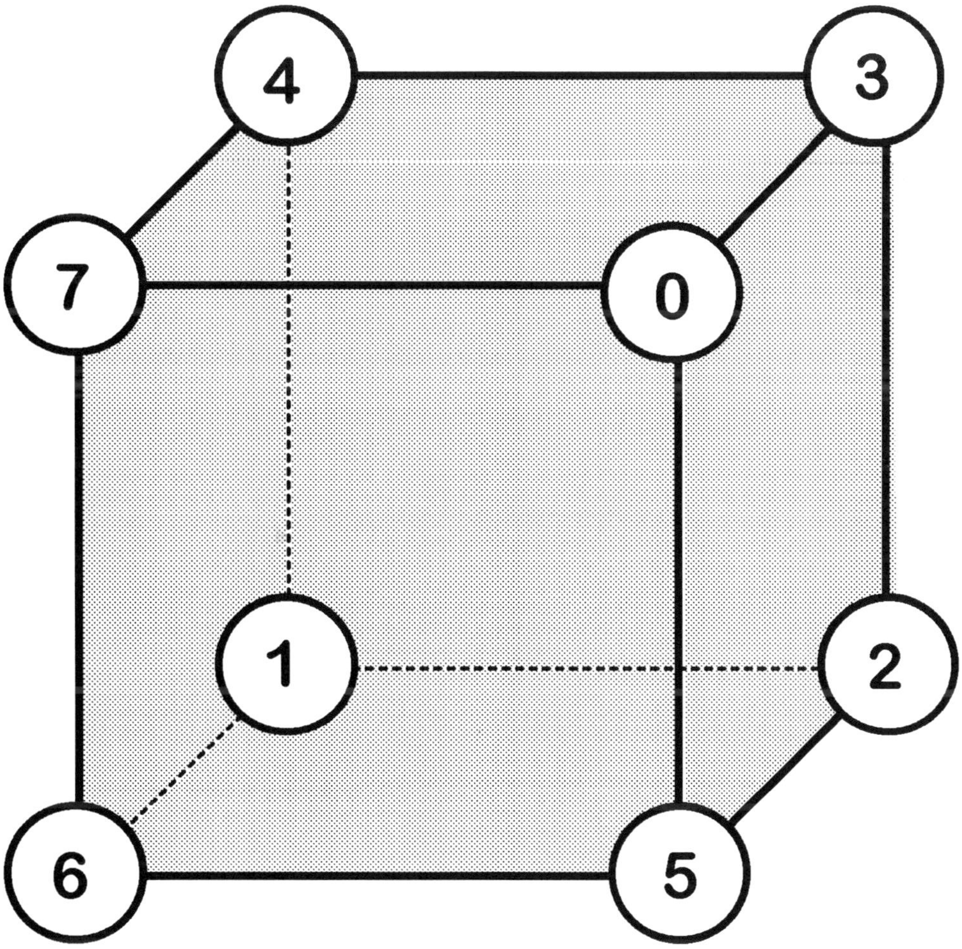
4
3
7
0
1
2
6
5

**Du siehst hier drei ineinandergeschachtelte Quadrate.
Auf die Kreise sind die Zahlen 1 - 12 so zu verteilen, daß die Summe der Zahlen auf den Eckpunkten des kleinen Quadrats halb so groß ist wie die Summe der Zahlen auf den Eckpunkten des mittleren Quadrates, und die Summe der Zahlen auf den Eckpunkten des großen Quadrates dreimal so groß ist wie die Summe der Zahlen auf den Eckpunkten des kleinen Quadrates. Ganz schön knifflig, oder?**

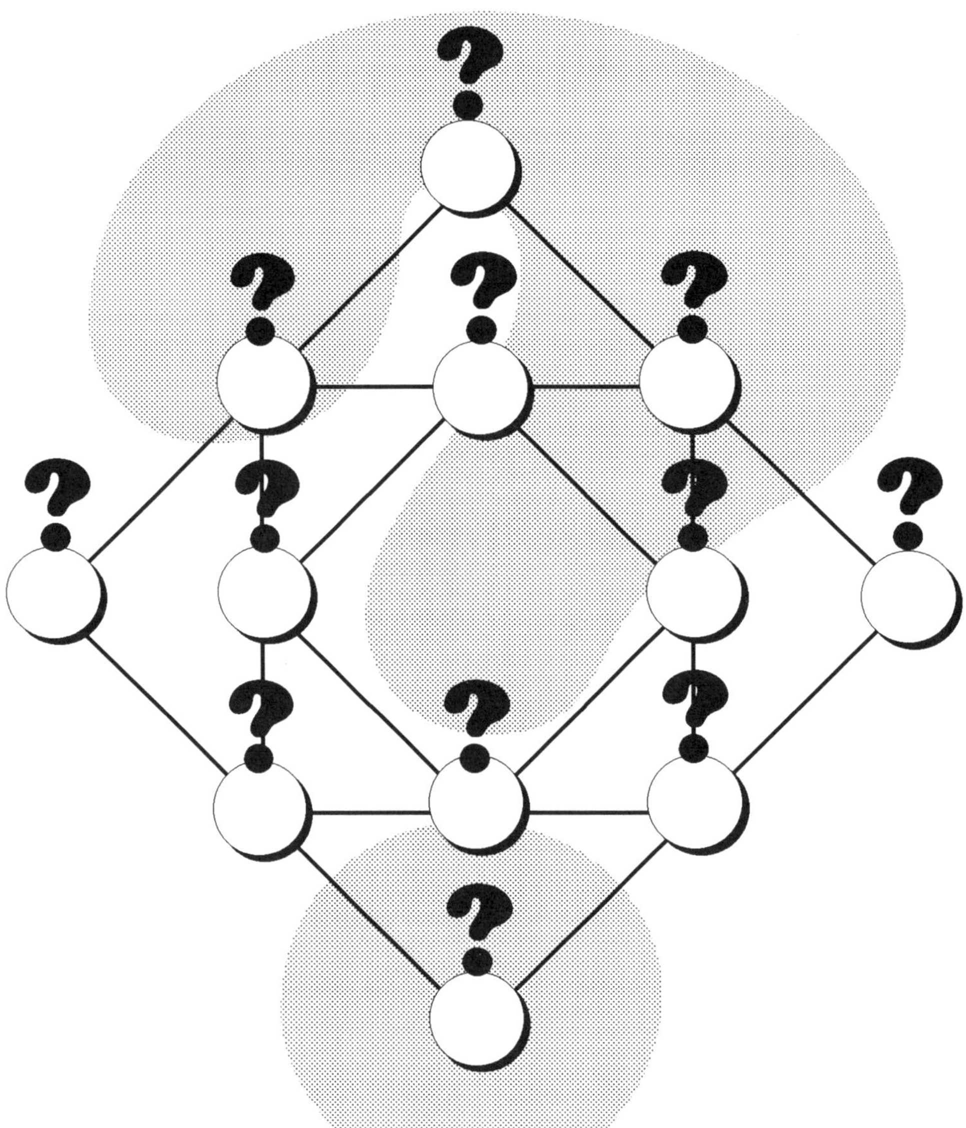

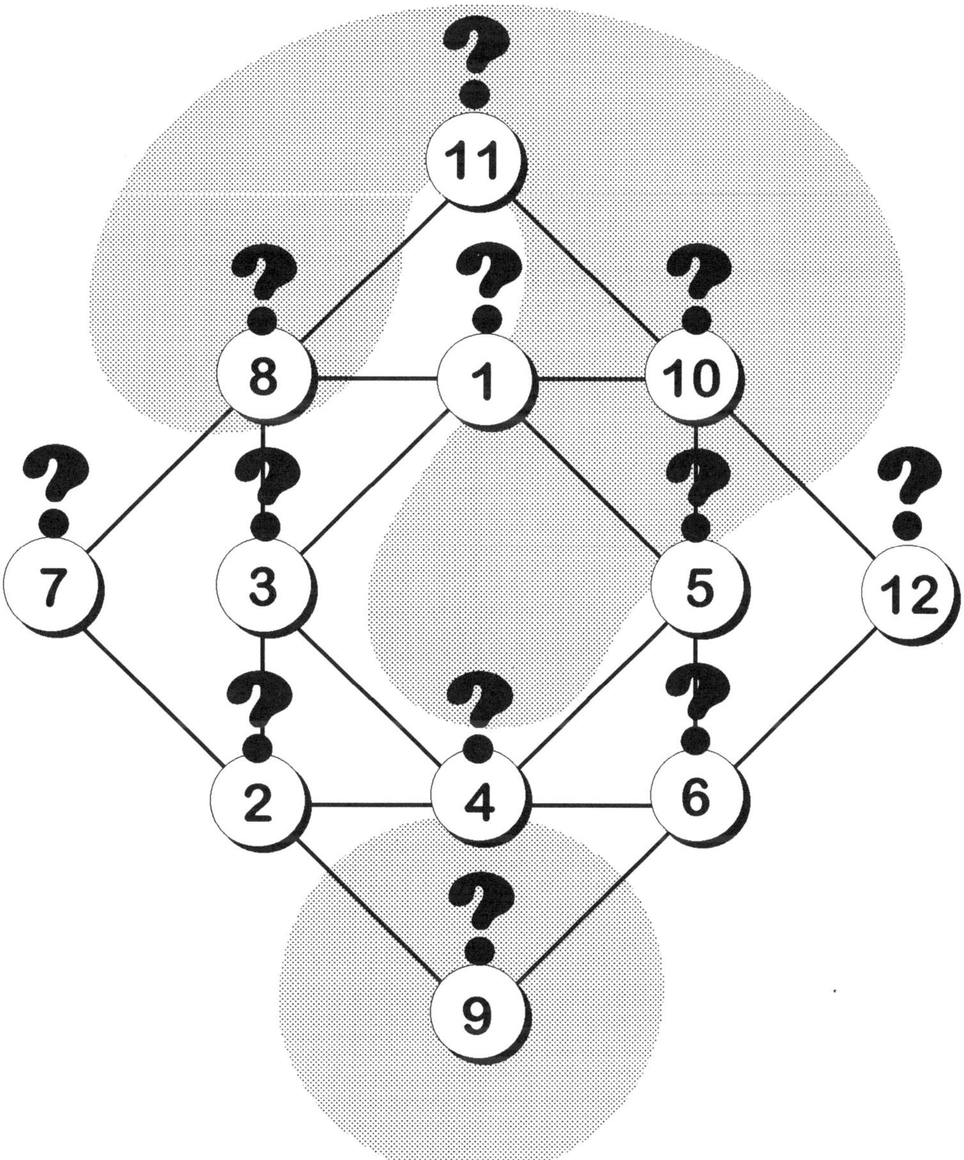
?
11
?
?
?
8
1
10
?
?
?
?
7
3
5
12
?
?
?
2
4
6
?
9

Aus jedem der vier Sechsecke wählst Du eine Ziffer aus. Dabei entstehen dann zwei zweistellige Zahlen, z. B. 38 und 18. Du mußt aber so wählen, daß diese beiden Zahlen, wenn man sie miteinander multipliziert, 1104 ergeben. Für meine beiden Zahlen ergibt sich leider nur 684. Vielleicht hast Du mehr Glück.

Diesmal soll das Ergebnis 962 sein.

Wähle so aus, daß das Ergebnis 2736 beträgt.

Jetzt soll das Produkt 1620 betragen.

Diesmal soll das Ergebnis 962 sein.

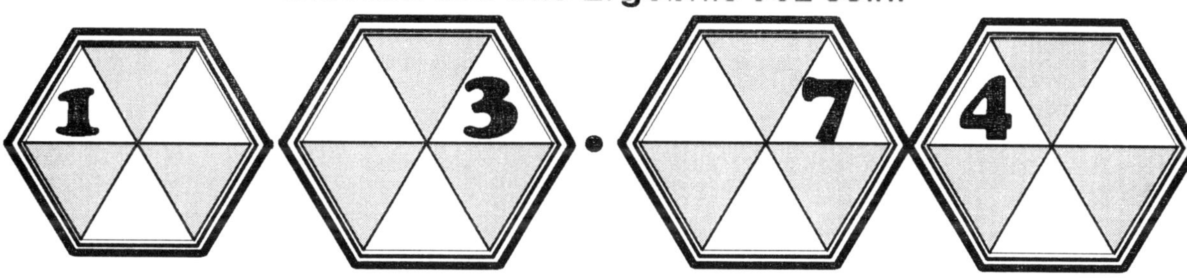

Wähle so aus, daß das Ergebnis 2736 beträgt.

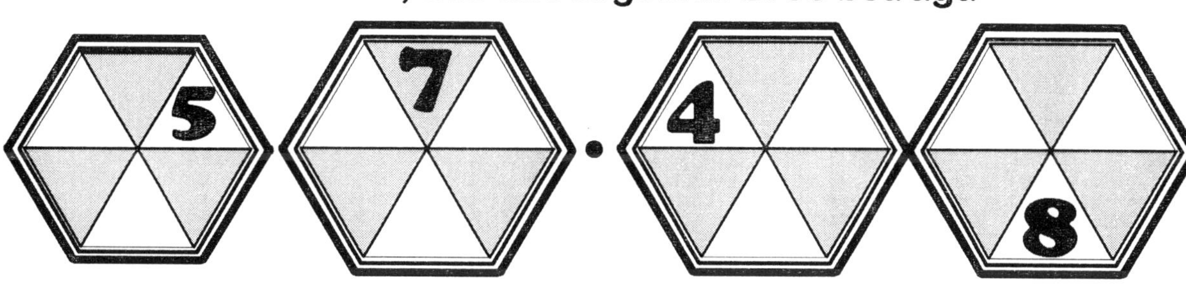

Jetzt soll das Produkt 1620 betragen.

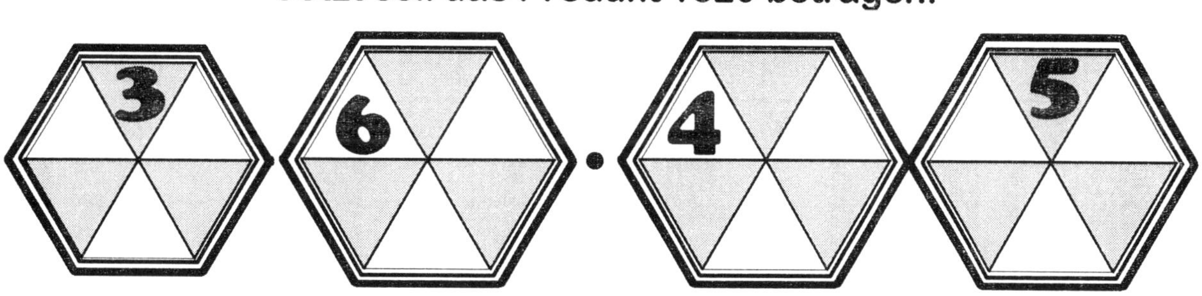

Rechne einmal die folgenden Aufgaben und lasse Dich von den Ergebnissen überraschen. Vielleicht kannst Du schon bald mit der schriftlichen Rechnerei aufhören.

$5445 : 99$

$554445 : 999$

$55544445 : 9999$

$5555444445 : 99999$

$555554444445 : 999999$

$111111 : 15873$

$1222221 : 15873$

$12333321 : 15873$

$123444321 : 15873$

$1234554321 : 15873$

$12345654321 : 15873$

$123456654321 : 15873$

$9 \cdot 0 + 1$ ______________________

$9 \cdot 1 + 2$ ______________________

$9 \cdot 12 + 3$ ______________________

$9 \cdot 123 + 4$ ______________________

$9 \cdot 1234 + 5$ ______________________

$9 \cdot 12345 + 6$ ______________________

$9 \cdot 123456 + 7$ ______________________

$9 \cdot 1234567 + 8$ ______________________

$9 \cdot 12345678 + 9$ ______________________

$9 \cdot 123456789 + 10$ ______________________

5445	:	99	55
554445	:	999	555
55544445	:	9999	5555
5555444445	:	99999	55555
555554444445	:	999999	555555

111111	:	15873	7
1222221	:	15873	77
12333321	:	15873	777
123444321	:	15873	7777
1234554321	:	15873	77777
12345654321	:	15873	777777
123456654321	:	15873	7777777

9 • 0	+	1	1
9 • 1	+	2	11
9 • 12	+	3	111
9 • 123	+	4	1111
9 • 1234	+	5	11111
9 • 12345	+	6	111111
9 • 123456	+	7	1111111
9 • 1234567	+	8	11111111
9 • 12345678	+	9	111111111
9 • 123456789	+	10	1111111111

Bei dieser Aufgabe mußt du 36 Additionsaufgaben lösen. Bei sechs dieser Aufgaben erhältst Du Ergebnisse, die nur aus gleichen Ziffern bestehen, z. B. 33333. Die in diesen Feldern stehenden Buchstaben ergeben zeilenweise gelesen ein Lösungswort.

+	9783	1433	45519	52210	1963	392
47789	A	B	F	R	H	J
789	K	E	A	M	N	O
2481	Q	S	U	V	P	W
385	L	Y	Z	X	F	T
21147	O	F	I	W	S	K
1328	L	M	W	I	V	T

+	9783	1433	45519	52210	1963	392
47789	57572	49222	93308	R 99999	49752	48181
789	10572	E 2222	46308	52999	2752	1181
2481	12264	3914	48000	54691	P 4444	2873
385	10168	1818	45904	52595	2348	T 777
21147	30930	22580	I 66666	73357	23110	21539
1328	L 11111	2761	46847	53538	3291	1720

REPTIL

**Hier wurden unechte Brüche in gemischte Zahlen umgewandelt. Aber nur eine der acht umgewandelten gemischten Zahlen kann richtig sein.
Finde die zutreffende Lösung heraus und markiere das Feld.
Wenn Du jetzt noch die entsprechenden Buchstaben aneinanderreihst, erhältst Du das griechische Fremdwort für die Lehre von den Weichtieren.**

	A	E	G	I	K	L	M	O
$\frac{356}{12}$	$29\frac{5}{6}$	$29\frac{1}{4}$	$29\frac{3}{4}$	$29\frac{1}{12}$	$29\frac{5}{12}$	$29\frac{1}{6}$	$29\frac{2}{3}$	$29\frac{1}{3}$
$\frac{503}{3}$	$167\frac{2}{3}$	$167\frac{1}{3}$	$164\frac{2}{3}$	$168\frac{1}{3}$	$165\frac{2}{3}$	$177\frac{1}{3}$	$157\frac{2}{3}$	$163\frac{2}{3}$
$\frac{127}{4}$	$31\frac{1}{4}$	$33\frac{3}{4}$	$31\frac{1}{2}$	$35\frac{1}{4}$	$32\frac{1}{2}$	$31\frac{3}{4}$	$30\frac{3}{4}$	$29\frac{3}{4}$
$\frac{671}{17}$	$39\frac{8}{17}$	$39\frac{5}{17}$	$39\frac{2}{5}$	$38\frac{7}{17}$	$36\frac{1}{17}$	$39\frac{2}{17}$	$39\frac{11}{17}$	$39\frac{3}{4}$
$\frac{479}{11}$	$43\frac{3}{11}$	$41\frac{6}{11}$	$45\frac{5}{11}$	$42\frac{1}{11}$	$43\frac{6}{11}$	$44\frac{9}{11}$	$43\frac{8}{11}$	$40\frac{3}{11}$
$\frac{269}{5}$	$53\frac{1}{5}$	$51\frac{3}{5}$	$51\frac{2}{5}$	$54\frac{4}{5}$	$52\frac{1}{5}$	$49\frac{4}{5}$	$55\frac{3}{4}$	$53\frac{4}{5}$
$\frac{399}{8}$	$49\frac{1}{8}$	$48\frac{3}{8}$	$49\frac{1}{4}$	$51\frac{3}{8}$	$52\frac{1}{4}$	$49\frac{7}{8}$	$49\frac{3}{4}$	$47\frac{7}{8}$
$\frac{503}{16}$	$32\frac{3}{4}$	$31\frac{3}{16}$	$31\frac{1}{16}$	$31\frac{3}{4}$	$32\frac{1}{4}$	$31\frac{7}{8}$	$31\frac{1}{2}$	$31\frac{7}{16}$
$\frac{771}{6}$	$128\frac{1}{6}$	$127\frac{2}{3}$	$128\frac{1}{2}$	$129\frac{1}{3}$	$131\frac{1}{2}$	$128\frac{5}{6}$	$127\frac{1}{3}$	$129\frac{5}{6}$
$\frac{129}{7}$	$18\frac{2}{7}$	$18\frac{5}{7}$	$17\frac{6}{7}$	$18\frac{3}{7}$	$19\frac{1}{7}$	$18\frac{1}{7}$	$17\frac{5}{7}$	$18\frac{4}{7}$
$\frac{444}{9}$	$48\frac{7}{9}$	$49\frac{1}{3}$	$51\frac{2}{3}$	$49\frac{5}{9}$	$49\frac{4}{9}$	$49\frac{8}{9}$	$48\frac{2}{3}$	$49\frac{1}{9}$

MALAKOLOGIE

	A	E	G	I	K	L	M	O
$\frac{356}{12}$							$29\frac{2}{3}$	
$\frac{503}{3}$	$167\frac{2}{3}$							
$\frac{127}{4}$						$31\frac{3}{4}$		
$\frac{671}{17}$	$39\frac{8}{17}$							
$\frac{479}{11}$					$43\frac{6}{11}$			
$\frac{269}{5}$								$53\frac{4}{5}$
$\frac{399}{8}$						$49\frac{7}{8}$		
$\frac{503}{16}$								$31\frac{7}{16}$
$\frac{771}{6}$			$128\frac{1}{2}$					
$\frac{129}{7}$				$18\frac{3}{7}$				
$\frac{444}{9}$		$49\frac{1}{3}$						

Ergänze die fehlenden Schneckenhauskästchen der »Speedy Nelly«. Du mußt aber - wenn möglich - kürzen.

$+2\frac{7}{24}$
$8\frac{5}{6}$
$-\frac{2}{5}$
$8\frac{13}{30}$
$-\frac{7}{10}$
$7\frac{11}{15}$
$+2\frac{11}{60}$
$9\frac{11}{12}$
$-2\frac{3}{5}$
$7\frac{19}{60}$
$-\frac{3}{20}$
$7\frac{1}{6}$
$+\frac{3}{8}$
$7\frac{13}{24}$
$+\frac{7}{20}$
$7\frac{107}{120}$
$+2\frac{3}{40}$
$6\frac{1}{4}$
$+\frac{5}{8}$
$6\frac{7}{8}$
$-\frac{1}{3}$
$6\frac{13}{24}$
$+\frac{1}{5}$
$5\frac{1}{2}$
$+4\frac{3}{8}$
$9\frac{7}{8}$
$-2\frac{7}{48}$
$7\frac{35}{48}$
$-\frac{5}{48}$
$7\frac{5}{8}$
$+3\frac{15}{36}$
$11\frac{1}{24}$
$-2\frac{3}{4}$
$9\frac{29}{30}$
$-2\frac{5}{12}$
$7\frac{11}{20}$
$-2\frac{1}{4}$
$5\frac{3}{10}$
$6\frac{1}{24}$
$+1\frac{11}{24}$
$7\frac{1}{2}$
$-1\frac{2}{80}$
$6\frac{19}{40}$
$+1\frac{1}{8}$
$7\frac{3}{5}$
$-2\frac{3}{4}$
$8\frac{7}{24}$
$+\frac{5}{12}$
$8\frac{17}{24}$
$-2\frac{2}{3}$
$6\frac{2}{5}$
$-2\frac{7}{14}$
$3\frac{9}{10}$
$+1\frac{1}{10}$
$4\frac{17}{20}$
$+1\frac{11}{20}$
5

Dr. F. Üxlein

Mathematische Rätsel- und Knobelaufgaben

Wenn Du die Aufgaben an den 12 Dreierwaben richtig löst, dann sagt Dir Deine Lösung, wohin die Buchstaben dieser Wabe geschrieben werden müssen. Deine Lösung muß mit einer der Zahlen im großen Schema übereinstimmen. Wie lautet der englische Lösungsspruch, der aussagt, daß Geben seliger ist als Nehmen?

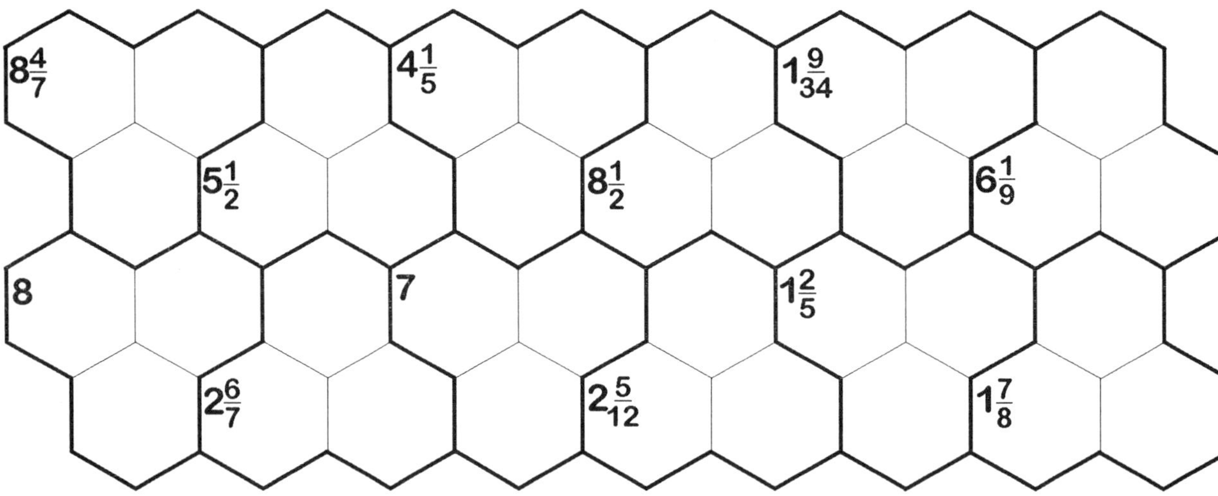

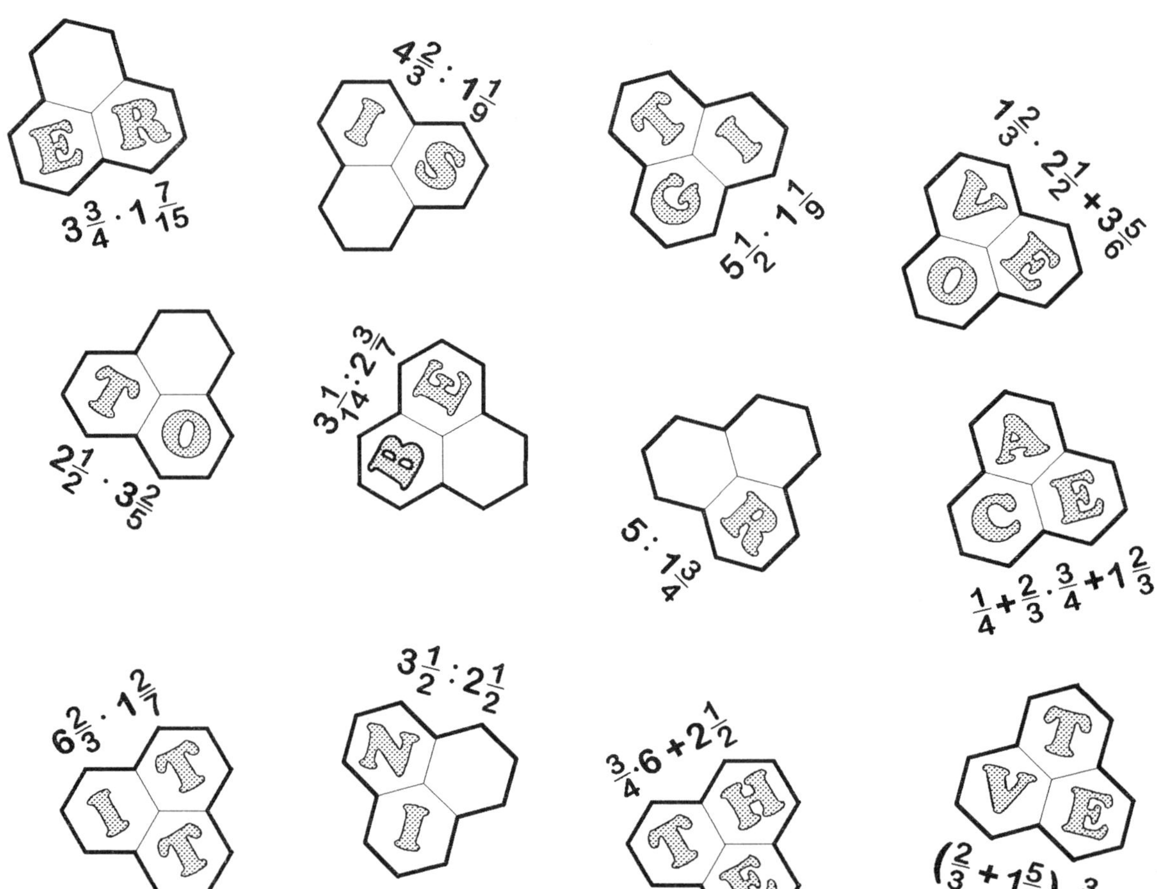

IT IS BETTER TO GIVE THAN TO RECEIVE

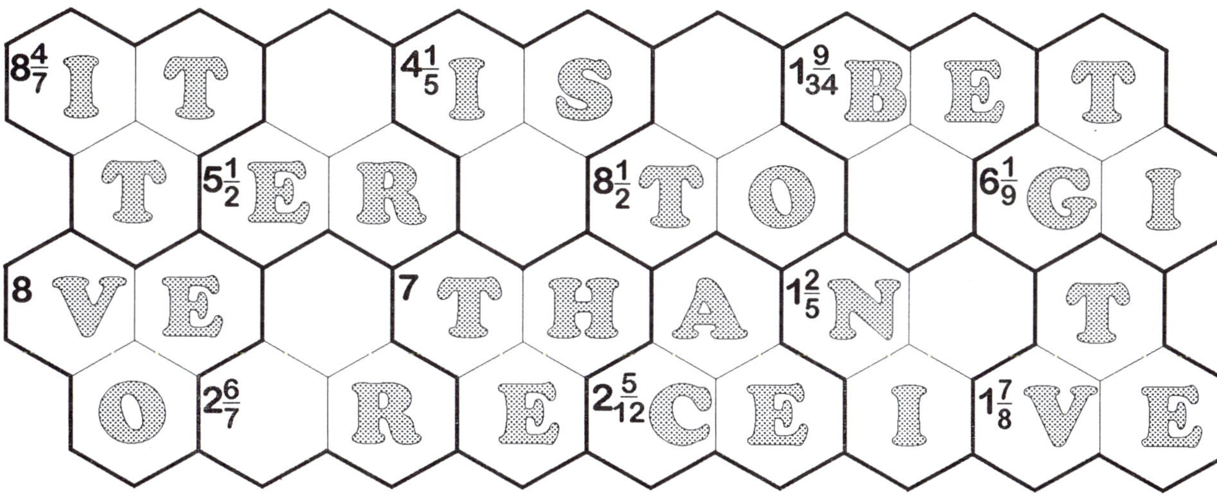

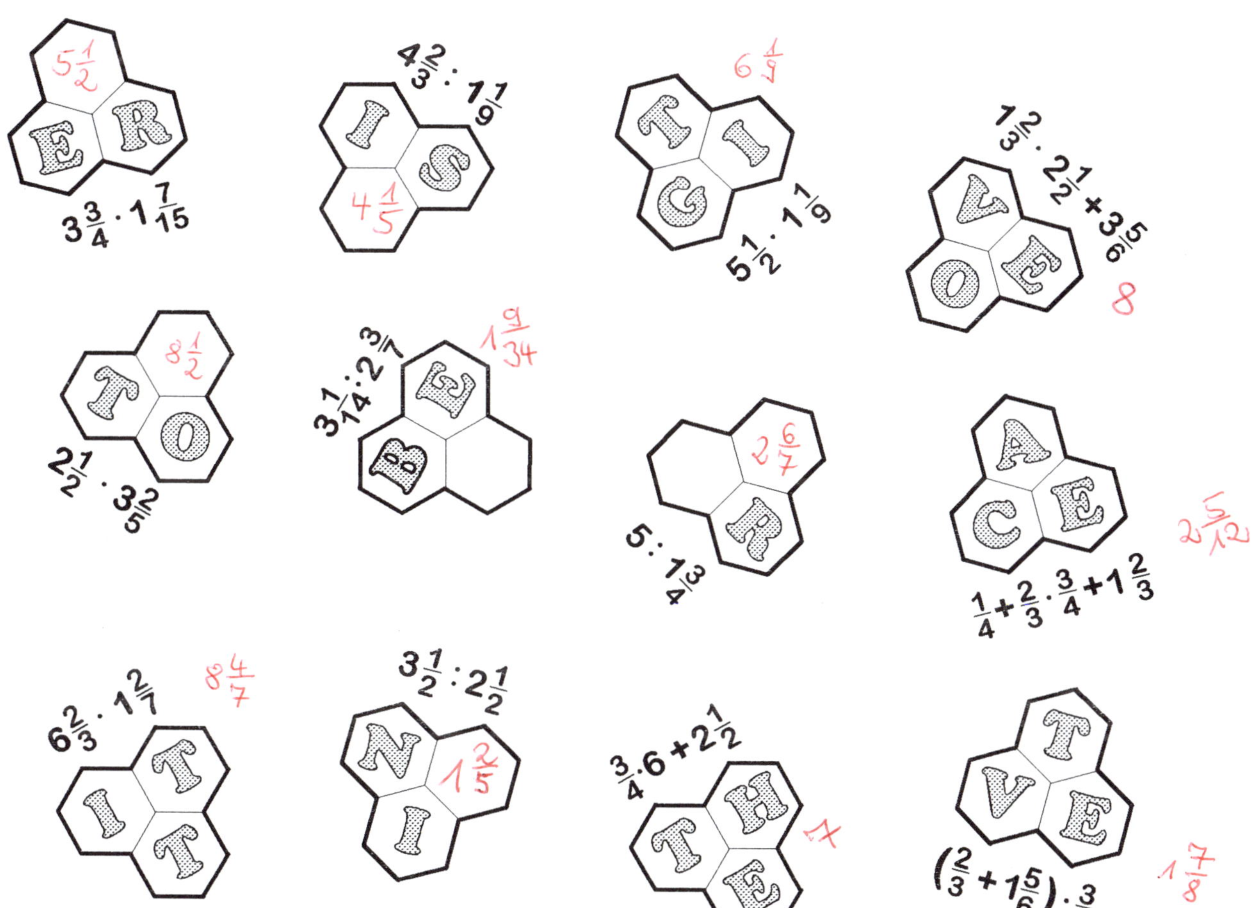

Dr. F. Üxlein

Mathematische Rätsel- und Knobelaufgaben

Bist Du fit für ein paar Bruchrechenaufgaben? Löse mal die 20 Aufgaben und vergleiche Deine Ergebnisse mit den 20 Lösungen, die bereits in den »Rettungsringen« stehen. Schreibe die bei den Lösungen stehenden Silben in die leeren Kästchen neben den Aufgaben. Wenn Du alles richtig machst, erhältst Du einen Spruch von Eugen Roth.

1. $\frac{1}{2} \cdot \frac{2}{5}$

2. $\frac{2}{15} + \frac{31}{45}$

3. $\frac{15}{28} - \frac{7}{36}$

4. $\frac{8}{15} \cdot \frac{5}{21}$

5. $\frac{3}{8} : \frac{5}{16}$

6. $\frac{2}{3} + \frac{3}{4} + \frac{1}{3} + \frac{1}{2}$

7. $\left[\frac{9}{16} - \frac{3}{10}\right] + \left[\frac{4}{5} - \frac{2}{3}\right]$

8. $\left[\frac{2}{15} + \frac{7}{10}\right] \cdot \frac{3}{4}$

9. $\left[\frac{9}{8} - \frac{5}{6}\right] : \frac{1}{3}$

10. $\frac{35}{88} - \frac{3}{11}$

11. $\left[\frac{2}{3} + \frac{3}{4}\right] \cdot \frac{1}{3}$

12. $\left[\frac{9}{10} - \frac{4}{5}\right] \cdot \frac{5}{6}$

13. $\frac{5}{7} + \frac{3}{4} + \frac{1}{5}$

14. $\frac{2}{3} : \frac{1}{2}$

15. $\left[\frac{5}{8} + \frac{1}{10}\right] \cdot \frac{3}{4}$

16. $\left[\frac{2}{5} + \frac{3}{5}\right] \cdot \frac{7}{6}$

17. $\frac{37}{42} - \frac{1}{12}$

18. $\frac{11}{12} : \frac{5}{7}$

19. $\frac{37}{42} - \frac{4}{7}$

20. $\frac{7}{8} \cdot \frac{16}{21}$

1.	$\frac{1}{2} \cdot \frac{2}{5}$	**EIN**	**11.**	$\left[\frac{2}{3} + \frac{3}{4}\right] \cdot \frac{1}{3}$	**DARF**
2.	$\frac{2}{15} + \frac{31}{45}$	**MEN**	**12.**	$\left[\frac{9}{10} - \frac{4}{5}\right] \cdot \frac{5}{6}$	**SICH**
3.	$\frac{15}{28} - \frac{7}{36}$	**SCH**	**13.**	$\frac{5}{7} + \frac{3}{4} + \frac{1}{5}$	**IM**
4.	$\frac{8}{15} \cdot \frac{5}{21}$	**WILL**	**14.**	$\frac{2}{3} : \frac{1}{2}$	**TO**
5.	$\frac{3}{8} : \frac{5}{16}$	**ER**	**15.**	$\left[\frac{5}{8} + \frac{1}{10}\right] \cdot \frac{3}{4}$	**NE**
6.	$\frac{2}{3} + \frac{3}{4} + \frac{1}{3} + \frac{1}{2}$	**AUF**	**16.**	$\left[\frac{2}{5} + \frac{3}{5}\right] \cdot \frac{7}{6}$	**NI**
7.	$\left[\frac{9}{16} - \frac{3}{10}\right] + \left[\frac{4}{5} - \frac{2}{3}\right]$	**ET**	**17.**	$\frac{37}{42} - \frac{1}{12}$	**CHT**
8.	$\left[\frac{2}{15} + \frac{7}{10}\right] \cdot \frac{3}{4}$	**WAS**	**18.**	$\frac{11}{12} : \frac{5}{7}$	**VER**
9.	$\left[\frac{9}{8} - \frac{5}{6}\right] : \frac{1}{3}$	**PFE**	**19.**	$\frac{37}{42} - \frac{4}{7}$	**GRE**
10.	$\frac{35}{88} - \frac{3}{11}$	**IFEN**	**20.**	$\frac{7}{8} \cdot \frac{16}{21}$	**IFEN**

Dr. F. Üxlein

Mathematische Rätsel- und Knobelaufgaben

Wenn Du wissen willst, welcher kernige Spruch von George Bernhard Shaw sich hinter den Silben verbirgt, mußt Du zunächst einmal die 20 Dezimalzahlen in Brüche umwandeln. Die Ergebnisse verraten Dir, wie die Silben von oben nach unten zu ordnen sind.

0,512 **du**	0,09375 **un**	0,0048 **et**	0,4 **te**	0,45 **ge**
0,5625 **gl**	0,5 **en**	0,16 **en**	0,875 **kl**	0,4375 **fi**
0,1125 **nd**	0,525 **ni**	0,048 **üc**	0,416 **we**	0,4625 **ic**
0,625 **rd**	0,064 **man**	0,62 **mm**	0,75 **he**	0,44 **un**

1. $\frac{3}{32}$
2. $\frac{6}{15}$
3. $\frac{5}{8}$
4. $\frac{4}{25}$
5. $\frac{64}{125}$
6. $\frac{31}{50}$
7. $\frac{1}{2}$
8. $\frac{7}{16}$
9. $\frac{9}{80}$
10. $\frac{3}{625}$
11. $\frac{16}{250}$
12. $\frac{52}{125}$
13. $\frac{21}{40}$
14. $\frac{9}{20}$
15. $\frac{11}{25}$
16. $\frac{9}{16}$
17. $\frac{6}{125}$
18. $\frac{7}{8}$
19. $\frac{37}{80}$
20. $\frac{3}{4}$

1. ______
2. ______
3. ______
4. ______
5. ______
6. ______
7. ______
8. ______
9. ______
10. ______
11. ______
12. ______
13. ______
14. ______
15. ______
16. ______
17. ______
18. ______
19. ______
20. ______

Unter den Dummen findet man wenige Unglückliche

0,512 du	0,09375 un	0,0048 et	0,4 te	0,45 ge
0,5625 gl	0,5 en	0,16 en	0,875 kl	0,4375 fi
0,1125 nd	0,525 ni	0,048 üc	0,416 we	0,4625 ic
0,625 rd	0,064 man	0,62 mm	0,75 he	0,44 un

1. $\frac{3}{32}$
2. $\frac{6}{15}$
3. $\frac{5}{8}$
4. $\frac{4}{25}$
5. $\frac{64}{125}$
6. $\frac{31}{50}$
7. $\frac{1}{2}$
8. $\frac{7}{16}$
9. $\frac{9}{80}$
10. $\frac{3}{625}$
11. $\frac{16}{250}$
12. $\frac{52}{125}$
13. $\frac{21}{40}$
14. $\frac{9}{20}$
15. $\frac{11}{25}$
16. $\frac{9}{16}$
17. $\frac{6}{125}$
18. $\frac{7}{8}$
19. $\frac{37}{80}$
20. $\frac{3}{4}$

1. un
2. te
3. rd
4. en
5. du
6. mm
7. en
8. fi
9. nd
10. et
11. man
12. we
13. ni
14. ge
15. un
16. gl
17. üc
18. kl
19. ic
20. he

**Und hier zur Abwechselung mal ein englisches Rätsel.
Keine Bange, ich hab´s für Dich gleich übersetzt.**

*As I was going to St. Ives,
I met a man with seven wives.
Every wife had seven sacks,
In every sack were seven cats,
Every cat had seven kits,
Every kit had seven lives.
Kits, cats, sacks and wives,
How many were going to St. Ives?*

*Als ich nach St. Ives ging,
begegnete mir ein Mann mit sieben Frauen.
Jede Frau hatte sieben Säcke,
In jedem Sack waren sieben Katzen,
Jede Katze hatte sieben Kätzchen,
Jedes Kätzchen hatte sieben Leben.
Kätzchen, Katzen, Säcke, Frauen,
Wie viele gingen nach St. Ives?*

Nach St. Ives ging nur ein einziger.

Dr. F. Üxlein

Mathematische Rätsel- und Knobelaufgaben

x = 2·3·7
Lösung: x = 42

Ah, jetzt, ja! Ein Super-Puzzle. Du brauchst einen Bleistift und ein paar intakte Gehirnzellen. Löse die Aufgaben unter den 25 Puzzleteilen. Deine Lösung verrät Dir, wohin Du dieses Teil des Puzzles zu übertragen hast. Das Teil mit der Lösung 42 müßte in das große Schema mit der Spaltennummer 4 und der Zeilennummer 2. Alles klar? Dann los!

$x = 6 \cdot 19 - 79$

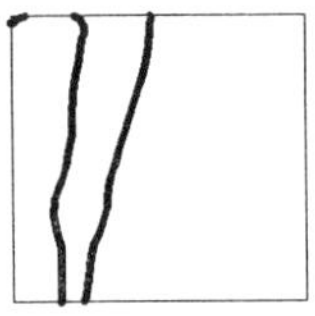

$x = 2 \cdot 7 \cdot 7$

$x = 24 \cdot 4 + 1$

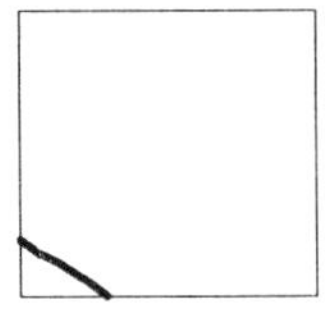

$x = 180 : 12$

$x = 3 \cdot 3^2 + 5$

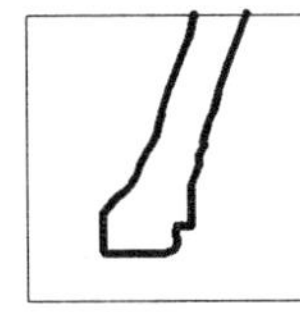

$x = 2^6$

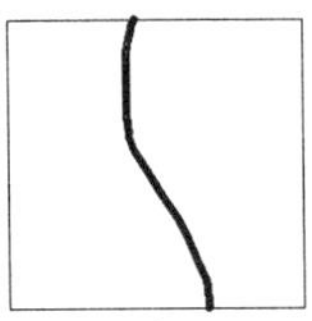

$x = 4^3 - 17$

$x = 3 \cdot (8 + 6) - 2^2$

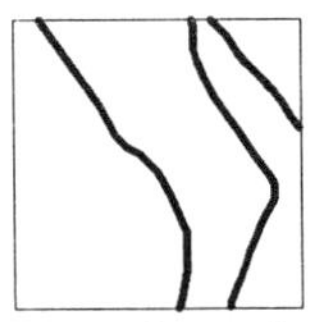

$x = 4^3 + 2^2$

$x = 5 \cdot 2^3 + 55$

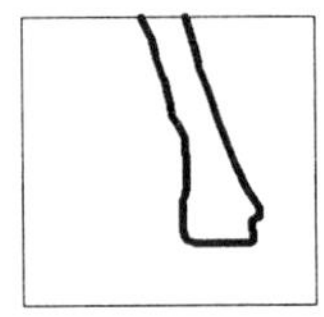

$x = 224 : 16$

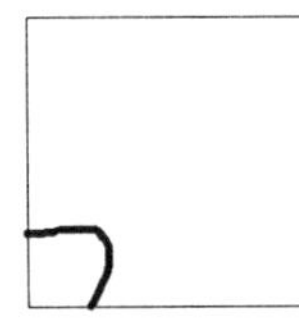

$x = 2 \cdot 3 \cdot 6 + 26$

$x = 3 \cdot 2^2$

$x = 272 : 2^3$

$x = 2^2 \cdot (3 \cdot 7 + 2)$

$x = 5^2 \cdot 3 - 2^3$

$x = 333 : 3^2$

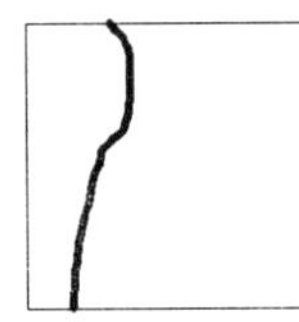

$x = 204 : 12$

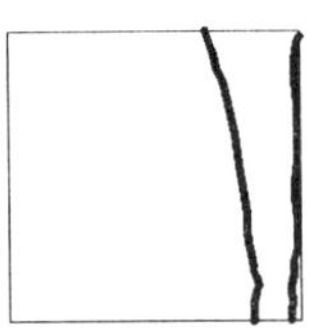

$x = 3 \cdot 7 + 3 \cdot 9$

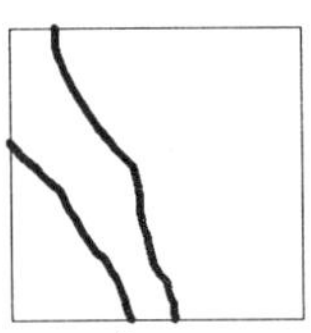

$x = 9^2 - 3 \cdot 3 \cdot 7$

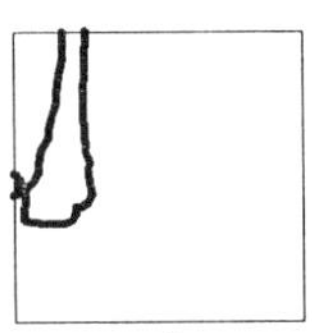

$x = 2 \cdot 6^2 + 2 \cdot 11$

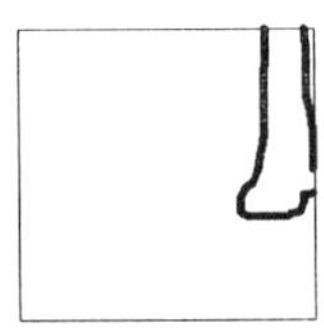

$x = 2 \cdot (3 \cdot 7 + 1)$

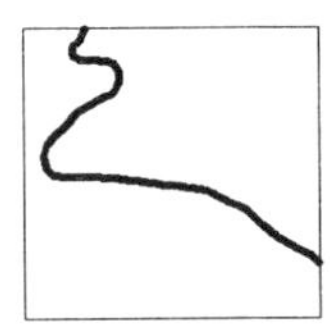

$x = 5 \cdot (31 - 18)$

$x = 5 \cdot 3^2$

2					
5					
7					
8					
4					
	3	4	9	6	1

Dr. F. Üxlein

Mathematische Rätsel- und Knobelaufgaben

Du sollst ein englisches Sprichwort herausfinden, das soviel bedeutet wie »Geduld ist eine Tugend«. Wie schaffst Du es? Ganz einfach! Du löst die 16 Aufgaben. Deine - hoffentlich richtigen - Ergebnisse verraten Dir den Weg durch das Schema. Klar, daß Du alle Buchstaben entlang dieses Weges aufpickst.

$75 - 22 + 13 - 45 - 9$ →

$-123 + 98 - 18 + 91$ →

$26{,}8 - 13{,}4 + 18{,}2 - 21{,}6$ →

$(-3{,}8) \cdot (-18) - 4\ 9{,}6$ →

$(-273) : (-39)$ →

$-167 - 38 - 8 \cdot (-34)$ →

$25 - (18 - 54)$ →

$(-23 + 17) \cdot (-8) - 5$ →

$-4{,}5 + 11 \cdot (-5) + 95{,}5$ →

$462 + 208 \cdot (-2) - 33$ →

$6{,}25 \cdot (-12) + 79$ →

$302 - 51 - 96 + 59 \cdot (-2)$ →

$(-2) \cdot (-17) + (-775) : (-25)$ →

$(-2) \cdot (-2) \cdot (-2) \cdot (-2)$ →

$5 + (-2) \cdot (-5)$ →

$(113 - 130) \cdot (-2)$

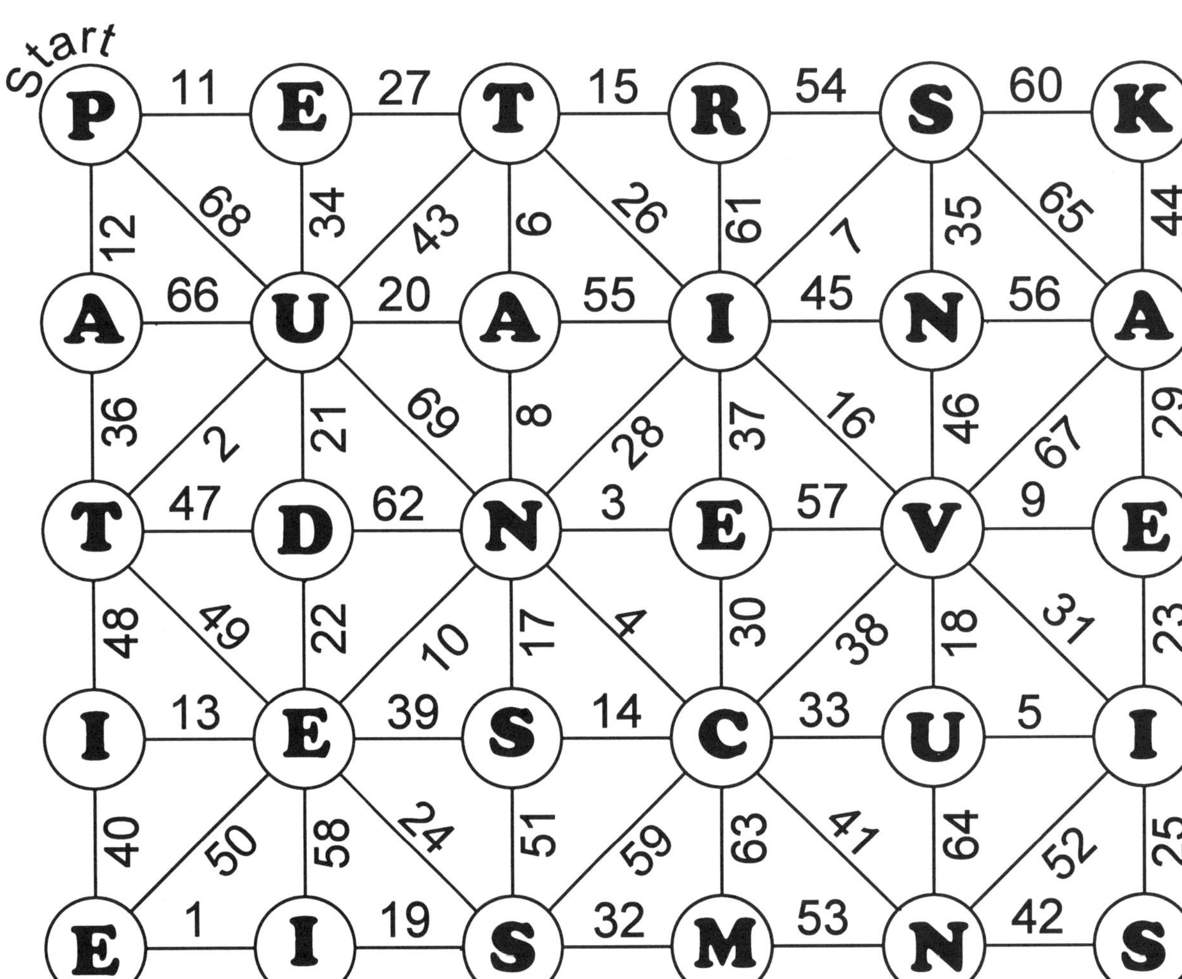

PATIENCE IS A VIRTUE

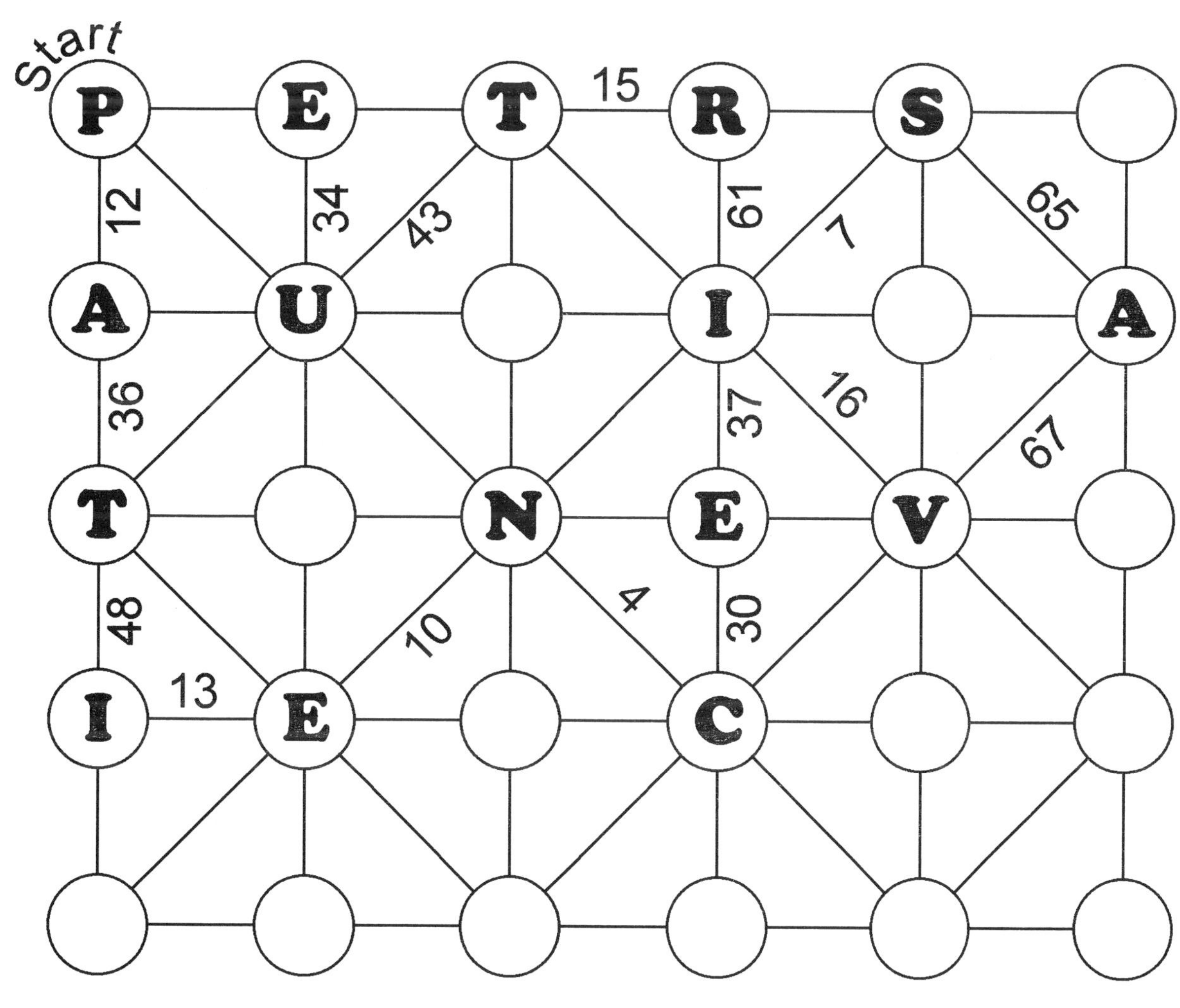

Dr. F. Üxlein

Mathematische Rätsel- und Knobelaufgaben

Mit Hilfe der Buchstaben und Zahlen kannst Du in dem Schema die Gitterpunkte ansteuern. B15 sagt Dir, daß Du zunächst zum Buchstaben B mußt und von da aus hoch zur Zahl 15. Allerdings gebe ich Dir nur den Buchstaben vor, die Zahl mußt Du durch eine kleine Divisionsaufgabe herausfinden. Klar, daß Du die einzelnen Punkte miteinander verbinden mußt. Na, dann los!

B15 →	B 145,99 : 11,23 →	C 126,56 : 9,04 →	C 112,5 : 7,5 →
E 266,9 : 15,7 →	F 267,58 : 15,74 →	E 31,5 : 2,1 →	E 165,2 : 11,8 →
F 13,52 : 1,04 →	I 306,8 : 23,6 →	K 47,55 : 3,17 →	M 0,78 : 0,052 →
N 34,84 : 2,68 →	M 122,56 : 15,32 →	K 46,2 : 15,4 →	J 0,24 : 0,12 →
K 101,3 : 101,3 →	L 1,434 : 0,478 →	N 52,88 : 6,61 →	N 0,8 : 0,08 →
O 75,4 : 5,8 →	P 29,89 : 2,135 →	T 45,72 : 5,08 →	S 0,028 : 0,004 →
S 7,36 : 3,68 →	T 14,13 : 4,71 →	T 49,84 : 7,12 →	U 18,027 : 2,003 →
U 0,04 : 0,004 →	T 124,52 : 11,32 →	S 94,6 : 8,6 →	Q 259,28 : 18,52 →
V 3,45 : 0,23 →	U 281,12 : 17,57 →	P 38,76 : 2,04 →	M 197,6 : 10,4 →
K 16,02 : 0,89 →	I 368,32 : 23,02 →	I 103,5 : 6,9 →	H 91,14 : 6,51 →
G 30,1 : 2,15 →	F 554,85 : 36,99 →	H 195,5 : 11,5 →	G 145,26 : 8,07 →
E 66,24 : 3,68 →	D 314,67 : 18,51 →	B 185,3 : 10,9 →	B 52 : 3,25 →
A 63,15 : 4,21 →	A 407,82 : 29,13 →	B 89,44 : 6,88	

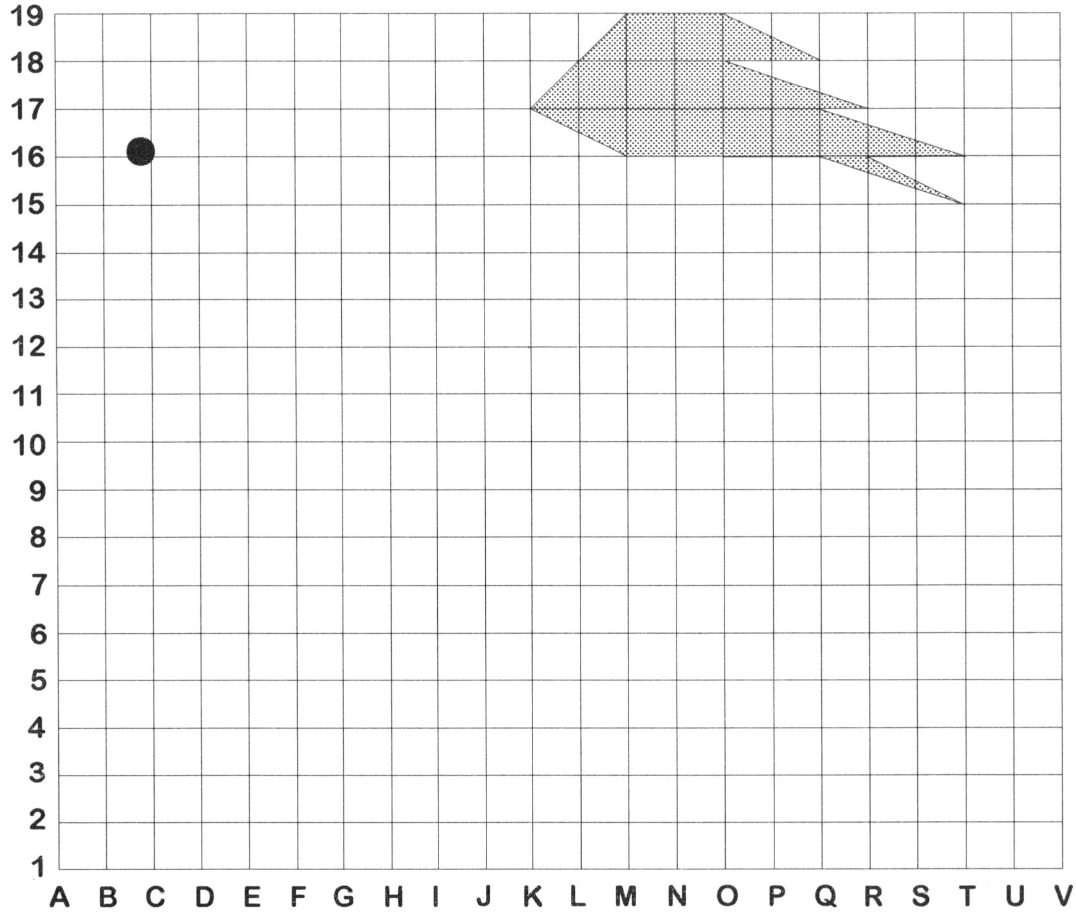

B15 → B13 → C14 → C15 →
E17 → F17 → E15 → E14 →
F13 → I13 → K15 → M15 →
N13 → M8 → K3 → J2 →
K1 → L3 → N8 → N10 →
O13 → P14 → T9 → S7 →
S2 → T3 → T7 → U9 →
U10 → T11 → S11 → Q14 →
V15 → U16 → P19 → M19 →
K18 → I16 → I15 → H14 →
G14 → F15 → H17 → G18 →
E18 → D17 → B17 → B16 →
A15 → A14 → B13

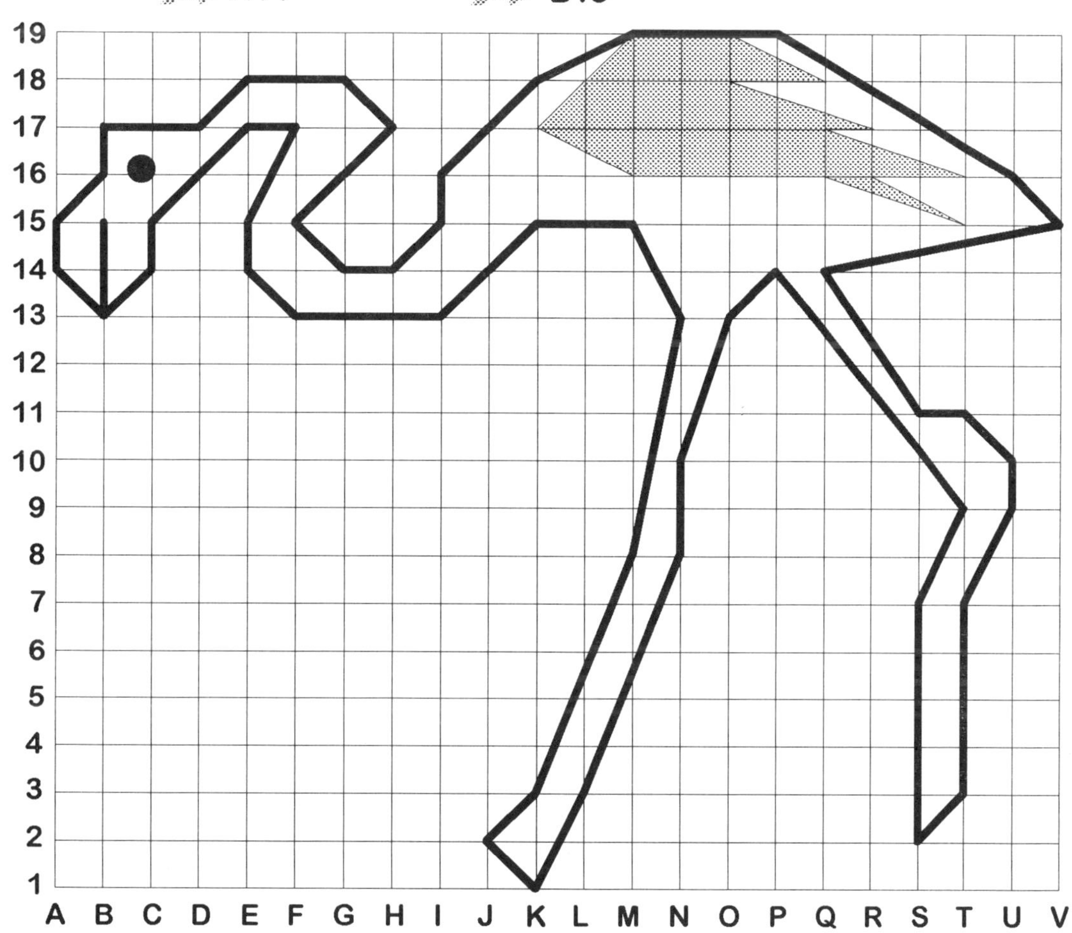

Dr. F. Üxlein

Mathematische Rätsel- und Knobelaufgaben

Löse die 16 Aufgaben, die in dem großen Schema zu finden sind. Schneide dann das Puzzleteil aus, das mit Deiner Lösung übereinstimmt. Klebe es an dieser Stelle ein. Schneide möglichst exakt den Linien entlang aus.

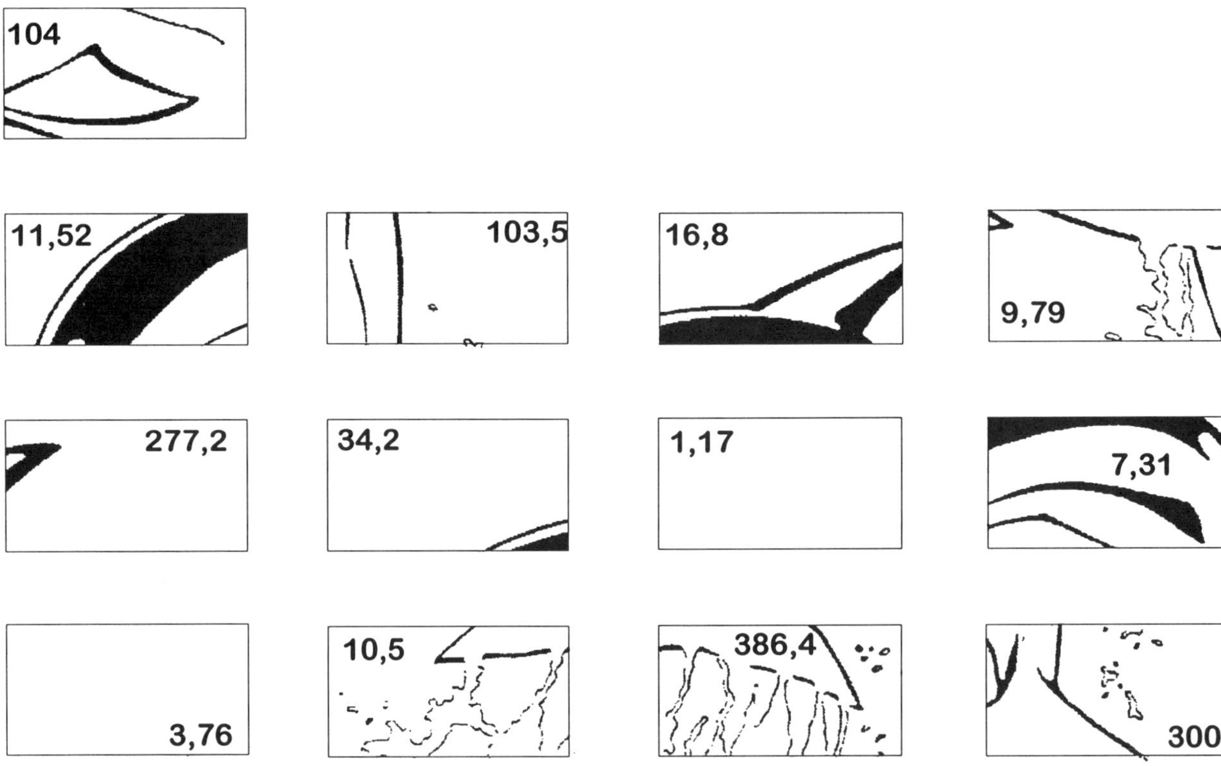

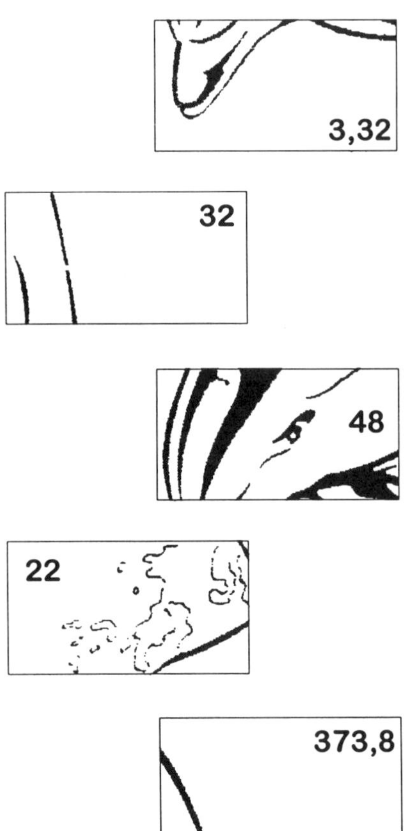

3,8 · 9	12 · 1,4	13,2 · 21
0,72 · 16	0,43 · 17	8,9 · 42
1,6 · 30	40 · 2,6	800 · 0,04
0,04 · 83	8,9 · 1,1	23 · 4,5
0,09 · 13	0,25 · 88	7,5 · 40
0,47 · 8	1,75 · 6	18,4 · 21

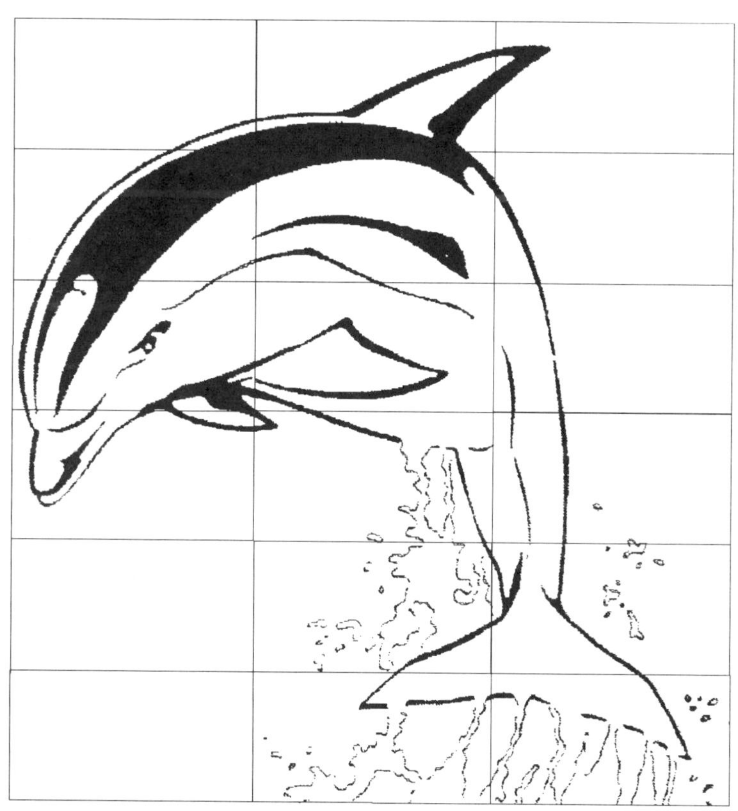

Dr. F. Üxlein

Mathematische Rätsel- und Knobelaufgaben

Einige der 24 Aufgaben haben das richtige Ergebnis. Rechne schnell nach und streiche die Buchstaben bei den Aufgaben mit dem falschen Ergebnis. Die richtig gelösten Aufgaben ergeben durch die Kennbuchstaben ein Lösungswort. Wie heißt es?

- U: $0{,}4 \cdot 1{,}3 = 5{,}2$
- Ö: $3{,}6 + 7{,}4 \cdot 0{,}5 = 5{,}5$
- K: $(2{,}1 + 3{,}4) \cdot 0{,}6 = 4{,}14$
- Ü: $73 \cdot 1{,}75 = 127{,}75$
- M: $30{,}24 : 36 = 0{,}74$
- B: $1{,}8 \cdot 7{,}5 = 13{,}5$
- J: $34{,}464 : 0{,}096 = 357$
- T: $(2{,}3 - 0{,}75) \cdot 9 = 139{,}5$
- E: $978 \cdot 8{,}09 = 7912{,}02$
- D: $2{,}1 \cdot 0{,}3 \cdot 1{,}8 = 1{,}34$
- F: $12 - 0{,}45 \cdot 7{,}8 = 8{,}72$
- W: $0{,}5 \cdot 1{,}2 + 3{,}6 \cdot 0{,}7 = 3{,}18$
- R: $6{,}855 : 45{,}7 = 0{,}15$
- S: $12{,}4 \cdot 0{,}8 = 9{,}92$
- P: $0{,}184 : 0{,}08 = 23$
- O: $(0{,}4 + 3{,}8) \cdot 0{,}4 = 1{,}62$
- C: $12 + 0{,}9 \cdot 7{,}1 = 18{,}39$
- H: $12 \cdot 0{,}9 + 7{,}1 = 17{,}9$
- U: $0{,}8 \cdot 3{,}5 \cdot 7{,}2 = 22{,}16$
- R: $3{,}7 + 1{,}8 : 0{,}2 = 27{,}5$
- L: $0{,}66 \cdot 33 = 21{,}78$
- N: $141{,}6 : 6 = 2{,}36$
- A: $3 \cdot (0{,}5 : 0{,}4) = 3{,}75$
- G: $7 : 5 + 0{,}42 : 0{,}7 = 2$

**Einige der 24 Aufgaben haben das richtige Ergebnis.
Rechne schnell nach und streiche die Buchstaben
bei den Aufgaben mit dem falschen Ergebnis.
Die richtig gelösten Aufgaben ergeben durch die Kennbuchstaben ein
Lösungswort. Wie heißt es?**

✓?

0,4·1,3 = 5,2	
3,6 + 7,4·0,5 = 5,5	
(2,1 + 3,4)·0,6 = 4,14	
73·1,75 = 127,75	Ü
30,24 : 36 = 0,74	
1,8·7,5 = 13,5	B
34,464 : 0,096 = 357	
(2,3 - 0,75)·9 = 139,5	
978·8,09 = 7912,02	E
2,1·0,3·1,8 = 1,34	
12 - 0,45·7,8 = 8,72	
0,5·1,2 + 3,6·0,7 = 3,18	
6,855 : 45,7 = 0,15	R
12,4·0,8 = 9,92	S
0,184 : 0,08 = 23	
(0,4 + 3,8)·0,4 = 1,62	
12 + 0,9·7,1 = 18,39	C
12·0,9 + 7,1 = 17,9	H
0,8·3,5·7,2 = 22,16	
3,7 + 1,8 : 0,2 = 27,5	
0,66·33 = 21,78	L
141,6 : 6 = 2,36	
3·(0,5 : 0,4) = 3,75	A
7 : 5 + 0,42 : 0,7 = 2	G

ÜBERSCHLAG

Dr. F. Üxlein

Mathematische Rätsel- und Knobelaufgaben

Rechne die folgenden Aufgaben aus. Eine der vier angegebenen Zahlen ist die Lösung. Wenn Du dann noch den entsprechenden Buchstaben herausschreibst, erhältst Du ein Lösungswort.

Nr.	Aufgabe	Zahlen (oben / links / rechts / unten)	Buchstaben (oben / links / rechts / unten)	Lösung
1.	$65 \cdot 83 - 32 \cdot (234 - 67)$	17 / 51 / -8 / 47	E / I / K / M	
2.	$144 : (-12) - (-351) : 13$	37 / -9 / 15 / 33	A / P / R / S	
3.	$36 \cdot (-0{,}5) - 465 : (-15)$	13 / 71 / 14 / 23	I / Z / T / C	
4.	$(27 + 68) : (-5) + 17{,}5 : 0{,}5$	16 / 17 / 22 / -5	D / H / L / Ö	
5.	$[(-12) \cdot 13 - 144 : 18] : (-4)$	49 / 35 / 46 / 41	U / F / N / E	
6.	$(12 - 40) : (-4) - [6 \cdot (-15 + 13)]$	21 / 19 / 91 / 47	U / K / S / B	
7.	$2{,}5 \cdot 3 - 8 \cdot (-0{,}4) - 5 \cdot (-0{,}66)$	14 / 17 / 11 / 21	T / W / D / J	
8.	$[(2 - 4 \cdot 6) + 16] \cdot (-1{,}5)$	12 / -3 / 9 / -7	A / G / O / P	
9.	$-29 - 3 \cdot [(-9{,}6) : 1{,}2]$	-5 / -7 / 14 / 19	M / W / I / A	
10.	$6{,}3 - 8{,}7 + 2{,}9 \cdot (-1{,}5) + 3{,}75$	4 / -5 / -3 / 7	Ü / Y / I / E	
11.	$-[-88 : (-24 + 16) - 49]$	-12 / 43 / 29 / 38	U / V / W / E	

IRIDEKTOMIE

bezeichnet unter Augenärzten das Ausschneiden der Regenbogenhaut (Iris)

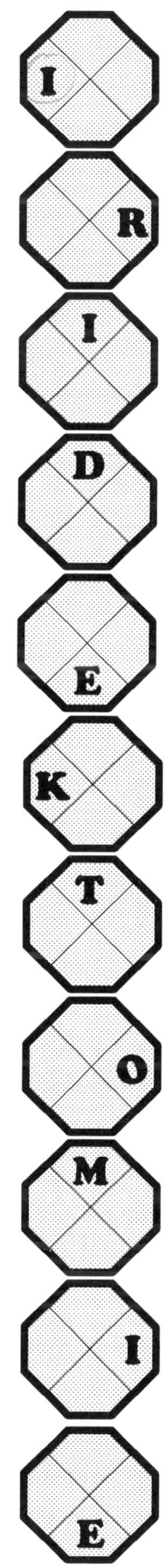

Dr. F. Üxlein

Mathematische Rätsel- und Knobelaufgaben

Welche Felder Du in dem Schema schwärzen mußt, das verraten Dir Deine - hoffentlich richtigen - Lösungen der 21 Aufgaben. Klar, daß ein Bild entsteht!

$3 \cdot (-1{,}2) - (-1{,}55) \cdot 4$

$-9 \cdot 2{,}8 + 30{,}3$

$(-55{,}08) : (-45{,}9)$

$13{,}44 : (-2{,}1) + 13{,}9$

$0{,}35 + (-0{,}7) \cdot (-6{,}5)$

$(-7{,}2) - (-4{,}5) + 2{,}85$

$0{,}4 \cdot 0{,}7 \cdot (-2) \cdot (-5)$

$(-35{,}7) : 102 + 4{,}15$

$(-13) : 5 + (-5) \cdot (-2{,}1)$

$5 \cdot (-0{,}9) - (-1{,}55) \cdot 4 + 2$

$30 : 12{,}5$

$(-3654) : 420 + 9$

$46 : 4 - (-41{,}5) \cdot (-0{,}2)$

$(-2) \cdot (-0{,}8) \cdot 3$

$(-0{,}7) \cdot (-3{,}5) + 1{,}75$

$(-0{,}02) \cdot 5 \cdot (-11)$

$(-457) : (-914)$

$-8 \cdot 0{,}4 + (-0{,}3) \cdot (-25)$

$12 \cdot (-0{,}01) \cdot (-7{,}5)$

$12 \cdot (-0{,}2) + (-0{,}3) \cdot (-14) - 0{,}2$

$10 \cdot (-0{,}2)^2$

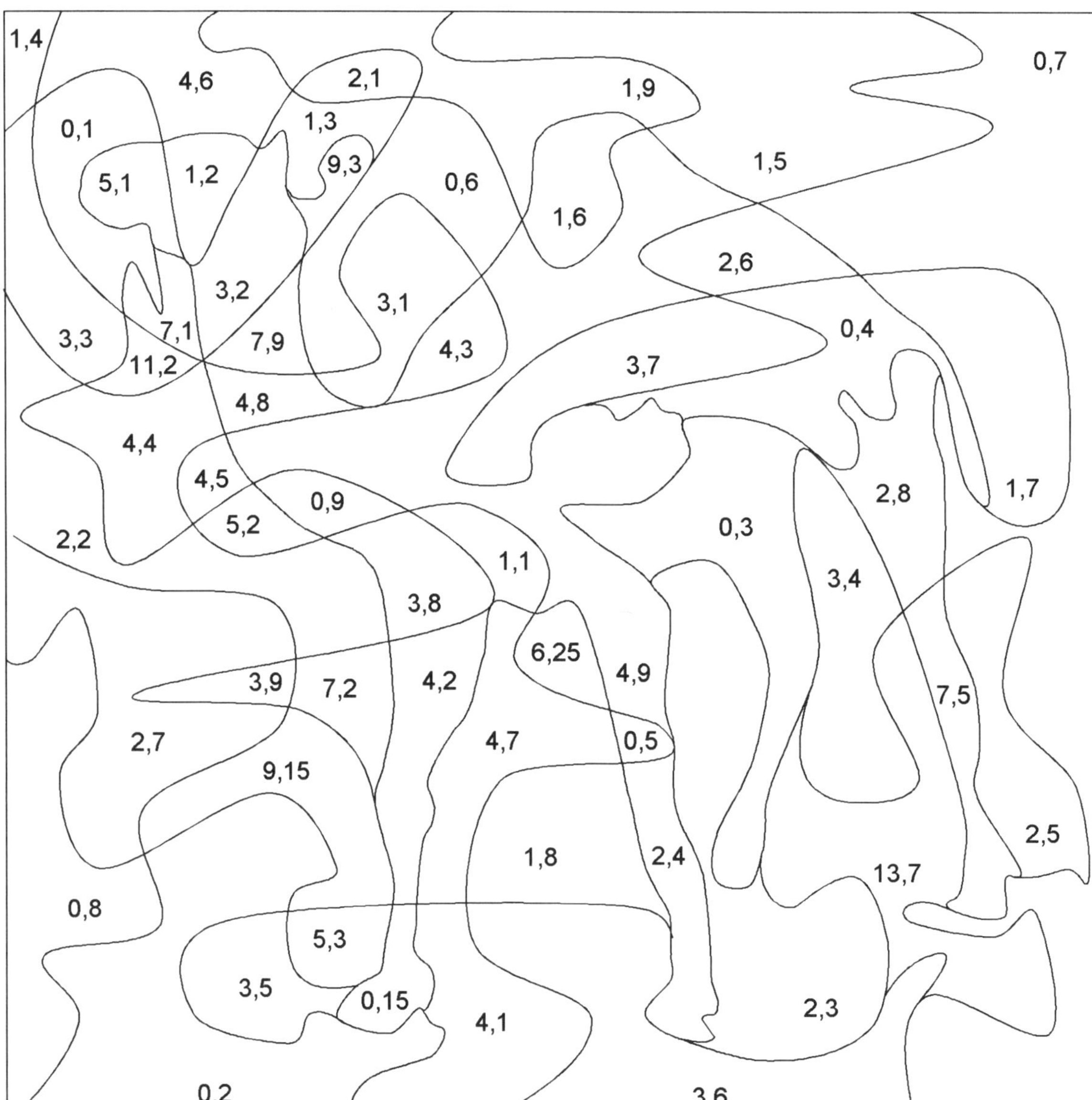

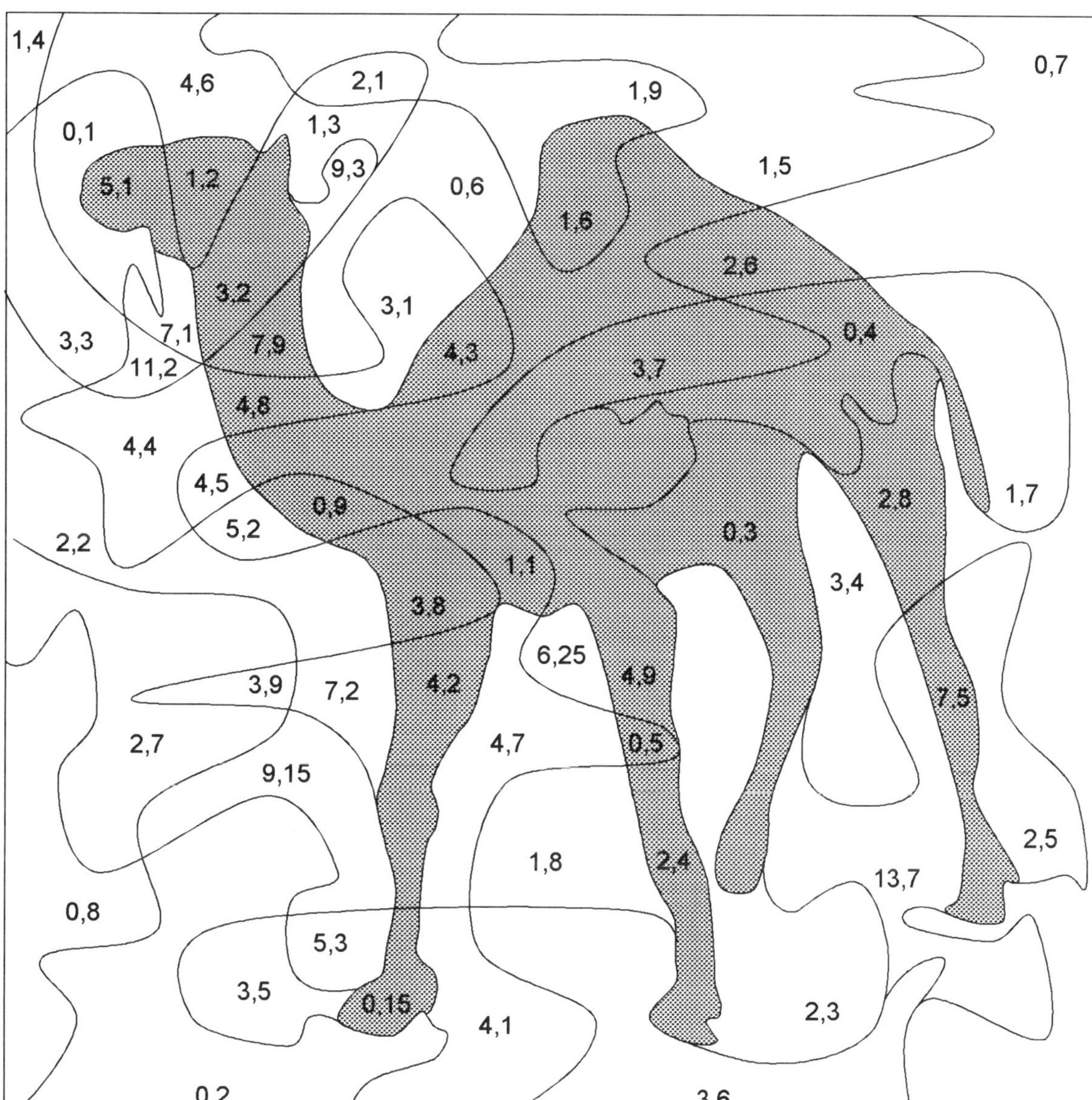
1,4
4,6
2,1
1,9
0,7
0,1
1,3
9,3
5,1
1,2
0,6
1,5
1,6
2,6
3,2
3,1
3,3
7,1
7,9
4,3
0,4
11,2
3,7
4,8
4,4
4,5
1,7
0,9
2,8
5,2
0,3
2,2
1,1
3,4
3,8
6,25
3,9
7,2
4,2
4,9
7,5
2,7
4,7
0,5
9,15
1,8
2,4
2,5
13,7
0,8
5,3
3,5
0,15
4,1
2,3
0,2
3,6

Prüfe schnell nach, welche Ergebnisse stimmen. Die Kennbuchstaben rechts ergeben dann - von oben nach unten gelesen - einen englischen Lösungsspruch, der zu gut Deutsch aussagt, daß das Glück ein Rindvieh ist und seinesgleichen sucht.

	richtig	falsch
- 57 + 43 - 16 + 37 - 24 + 123 - 21 + 93 = 178	F	A
73 - 41 - 23 + 45 - 39 + 52 + 9 - 82 + 26 = 22	B	O
- 77 - 43 + 124 - 52 + 34 - 17 + 56 - 12 + 3 = 26	A	R
- 26 + 12 - 17 + 36 + 23 - 18 - 28 - 25 = - 43	T	R
242 - 37 + 119 + 26 - 115 + 23 - 172 = 86	U	K
91 - 43 - 108 + 29 + 26 - 2 - 19 - 35 + 28 = 33	I	N
44 + 51 - 27 - 58 - 6 + 13 + 47 - 62 + 19 = 21	E	N
56 - 83 + 29 - 17 - 51 + 59 - 11 + 38 + 16 = 36	F	G
52 + 47 + 78 - 123 - 6 + 34 - 61 + 39 + 2 = 61	D	A
-18 + 3 - 15 + 23 + 34 - 19 + 37 - 19 + 8 = 24	O	V
25 + 35 - (23 - 56 + 17 - 34 + 21 + 46) = 43	O	G
- 23 + 9 - (- 16 + 35 - 12) - (68 - 23) + 14 = - 56	N	U
3·(17 - 45 + 83) - 15 + 36 - 33 + 72 - 28 = - 197	E	R
(23 - 56 + 12)·4 - 8·(23 -17 - 25 + 62) = - 428	S	V
- 38 + 13 - (17 + 43 + 64 - 89 + 27 - 9 + 8) = - 86	T	E
- 445 + 367 - 56 + 338 + 12 - 441 = - 245	R	H
3006 + 378 - 440 - 568 + 374 = 2750	E	B
- 967 - 42 + 351 + 59 - 24 + 455 = - 168	B	I
- 45 - (33 - 57) + 67 - (-12 - 34) + 88 = 180	R	T
26 + 3·(-15 + 9) - (23 - 56 + 29) - 39 = - 26	E	A
-2 + 4 - 6 + 8 - 12 + 16 - 24 + 36 - 48 = - 38	S	V
364 - 56 + 167 + 89 - 201 + 407 - 64 = 696	Y	E

FORTUNE FAVOURS THE BRAVE

	richtig	falsch
- 57 + 43 - 16 + 37 - 24 + 123 - 21 + 93 = 178	F	
73 - 41 - 23 + 45 - 39 + 52 + 9 - 82 + 26 = 20		O
- 77 - 43 + 124 - 52 + 34 - 17 + 56 - 12 + 3 = 16		R
- 26 + 12 - 17 + 36 + 23 - 18 - 28 - 25 = - 43	T	
242 - 37 + 119 + 26 - 115 + 23 - 172 = 86	U	
91 - 43 - 108 + 29 + 26 - 2 - 19 - 35 + 28 = - 33		N
44 + 51 - 27 - 58 - 6 + 13 + 47 - 62 + 19 = 21	E	
56 - 83 + 29 - 17 - 51 + 59 - 11 + 38 + 16 = 36	F	
52 + 47 + 78 - 123 - 6 + 34 - 61 + 39 + 2 = 62		A
-18 + 3 - 15 + 23 + 34 - 19 + 37 - 19 + 8 = 34		V
25 + 35 - (23 - 56 + 17 - 34 + 21 + 46) = 43	O	
- 23 + 9 - (- 16 + 35 - 12) - (68 - 23) + 14 = - 52		U
3· (17 - 45 + 83) - 15 + 36 - 33 + 72 - 28 = 197		R
(23 - 56 + 12)· 4 - 8· (23 -17 - 25 + 62) = - 428	S	
- 38 + 13 - (17 + 43 + 64 - 89 + 27 - 9 + 8) = - 86	T	
- 445 + 367 - 56 + 338 + 12 - 441 = - 225		H
3006 + 378 - 440 - 568 + 374 = 2750	E	
- 967 - 42 + 351 + 59 - 24 + 455 = - 168	B	
- 45 - (33 - 57) + 67 - (-12 - 34) + 88 = 180	R	
26 + 3· (-15 + 9) - (23 - 56 + 29) - 39 = - 27		A
-2 + 4 - 6 + 8 - 12 + 16 - 24 + 36 - 48 = - 28		V
364 - 56 + 167 + 89 - 201 + 407 - 64 = 706		E

Dr. F. Üxlein

Mathematische Rätsel- und Knobelaufgaben

So ein Kreuzzahlrätsel ist ganz einfach. Du rechnest die kleinen Aufgaben aus und trägst Dein Ergebnis in die entsprechenden Kästchen ein. Wenn Du dann noch den Ziffern die passenden Buchstaben zuordnest, erhältst Du einen Satz, den Du vorwärts wie rückwärts lesen kannst. So etwas nennt man Palindrom. Berühmte Palindrome sind OTTO, REITTIER oder RELIEFPFEILER.

Waagerecht

A. $4 \cdot (-25 + 41) + 3$

B. $(-45 + 12) \cdot (-3)$

C. $(-6) \cdot (-19) + 7 \cdot (-7)$

E. $25 \cdot 3 - 14{,}8 \cdot 2{,}5$

G. $(-726):(-33) + (-10) \cdot (-43)$

I. $(-2) \cdot [(-5) \cdot (+27) + 8]$

K. $(-8) \cdot 7 + 13^2 + (-5) \cdot 6$

M. $(-2)^3 \cdot (-7)$

N. $[-25 + (-2) \cdot 4] \cdot (-3)$

O. $4 \cdot [32 - (3 \cdot 6 - 5)]$

Senkrecht

A. $(-5) \cdot (-13)$

C. $(-3452) \cdot (-15) + 15838$

D. $(-1170) : (-18)$

F. $(-4) \cdot [(-562) \cdot 36 - 187]$

G. $2 \cdot (-3) \cdot (-67)$

H. $(-3) \cdot (-4) \cdot 17$

J. $(-1288) : 56 + 79$

L. $[(-6) \cdot 8 + 3^2 \cdot (-2)^2] \cdot (-4) - (-3)^2$

M. $(-1288) : (-23)$

■	A		■	B		■
C		■	D	■	E	F
	■	G		H	■	
	■		■		■	
	■	I	J		■	
K	L	■		■	M	
■	N		■	O		■

1	2	3	4	5	6	7	8	9	0
Z	A	R	T	G	E	I	M	N	L

■	A 6	7	■	B 9	9	■
C 6	5	■	D 6	■	E 3	F 8
7	■	G 4	5	H 2	■	1
6	■	0	■	0	■	6
1	■	I 2	J 5	4	■	7
K 8	L 3	■	6	■	M 5	6
■	N 9	9	■	O 7	6	■

1	2	3	4	5	6	7	8	9	0
Z	A	R	T	G	E	I	M	N	L

EIN NEGER MIT
GAZELLE
ZAGT IM REGEN
NIE

Dr. F. Üxlein

Mathematische Rätsel- und Knobelaufgaben

Löse die Aufgaben unter den 15 Buchstabenkästchen. Deine Ergebnisse sagen Dir, wohin Du den Buchstaben übertragen mußt. Es ergeben sich Wörter, vor die man immer ein Eis setzen kann.

B: 7,5 % von $146\frac{2}{3}$

C: $6\frac{1}{4}$ % von 400

E: 4,25 % von 400

L: $3\frac{3}{4}$ % von 800

G: $3\frac{1}{4}$ % von 400

H: $1\frac{3}{4}$ % von 800

I: $1\frac{7}{8}$ % von 1120

K: 6,5 % von 400

Z: $2\frac{2}{3}$ % von 1200

O: $3\frac{1}{5}$ % von 1312,5

V: $13\frac{1}{3}$ % von 420

Y: $3\frac{1}{3}$ % von 1800

R: 12,5 % von 416

T: 3,125 % von 1536

U: $11\frac{1}{4}$ % von 560

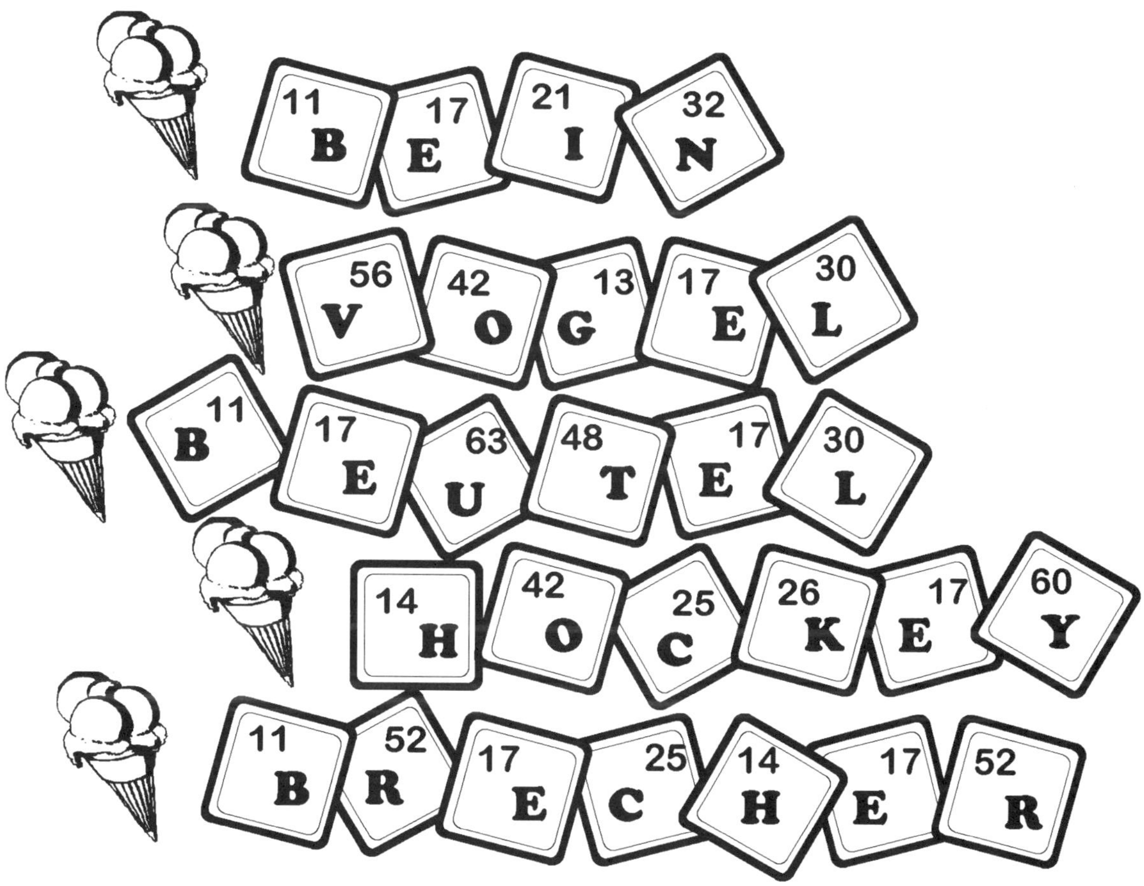
11 B 17 E 21 I 32 N
56 V 42 O 13 G 17 E 30 L
11 B 17 E 63 U 48 T 17 E 30 L
14 H 42 O 25 C 26 K 17 E 60 Y
11 B 52 R 17 E 25 C 14 H 17 E 52 R

Dr. F. Üxlein

Mathematische Rätsel- und Knobelaufgaben

Die einzelnen Puzzleteile werden in das große Schema übertragen. Wohin, das verraten Dir die Lösungen der einzelnen Aufgaben.

Wieviel % sind

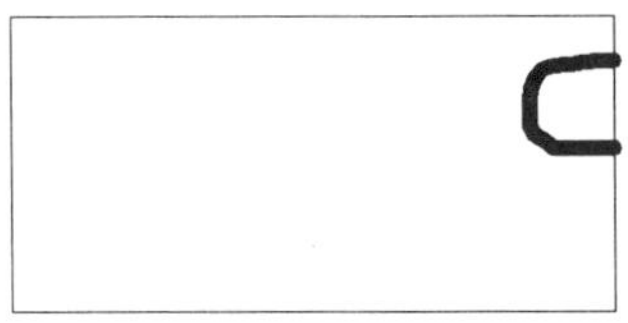

61,20 DM von 340 DM

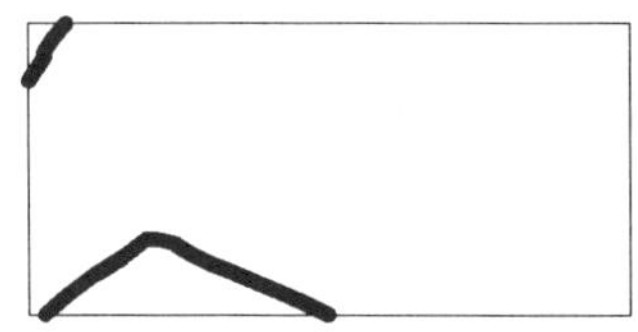

681,80 DM von 1948 DM

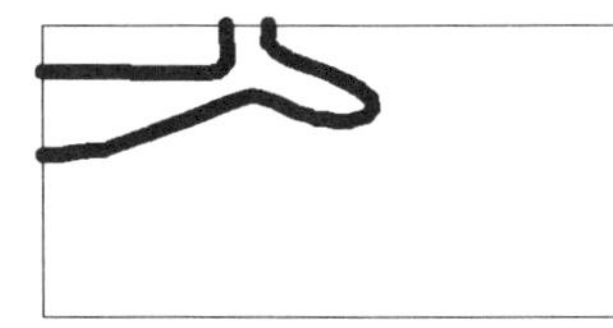

27 cm von 75 cm

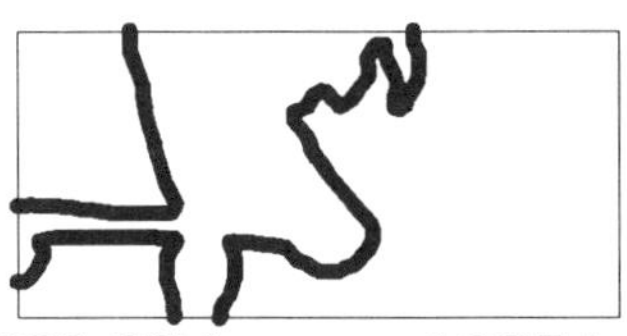

666,25 kg von 1625 kg

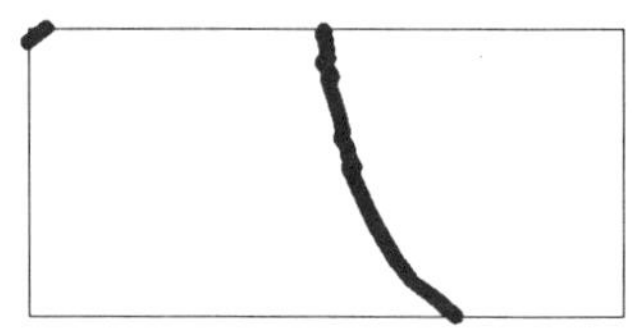

96,4 m von 602,5 m

54 cm von 60 cm

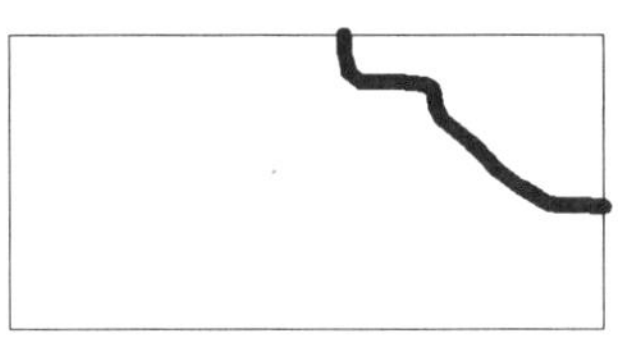

9,45 m von 6,3 m

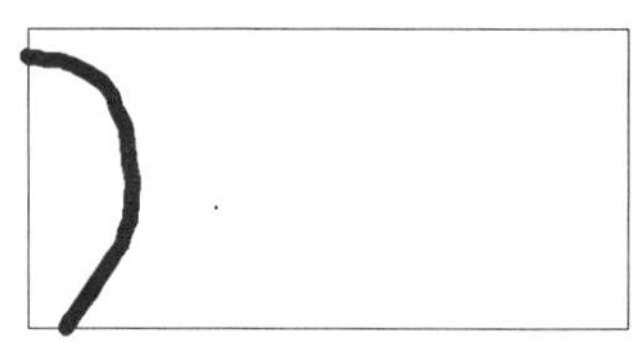

58,75 kg von 2350 kg

12 / von 300 /

48,96 a von 720 a

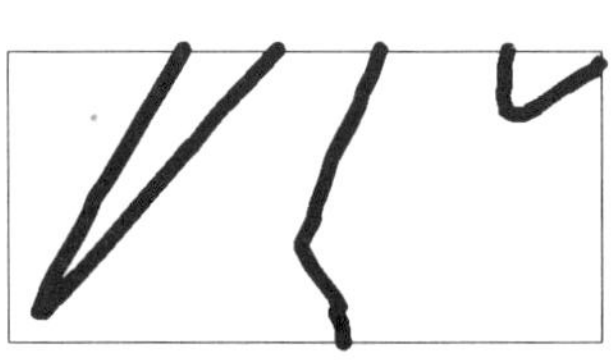

64,68 t von 462 t

348 DM von 1740 DM

13734 kg von 32,7 t

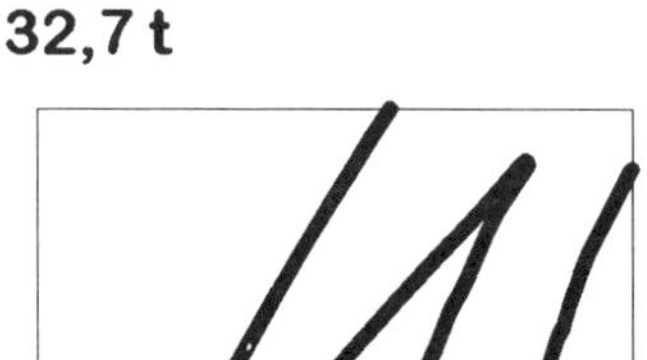

243,84 DM von 762 DM

20%	2,5%
32%	35%
14%	16%
150%	90%
4%	41%
6,8%	42%
18%	36%

Wieviel % sind

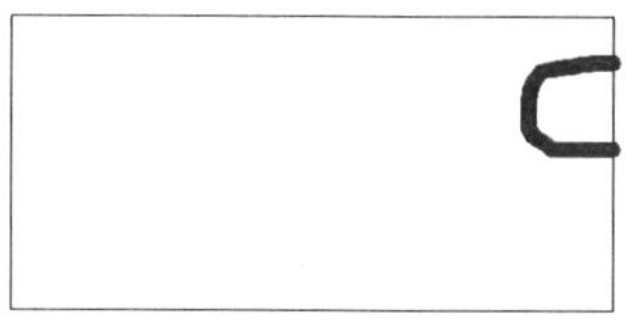
61,20 DM von 340 DM

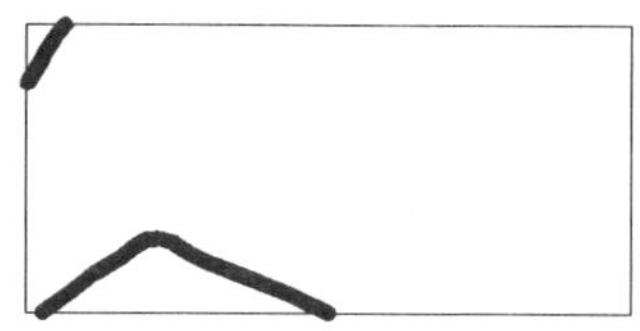
681,80 DM von 1948 DM

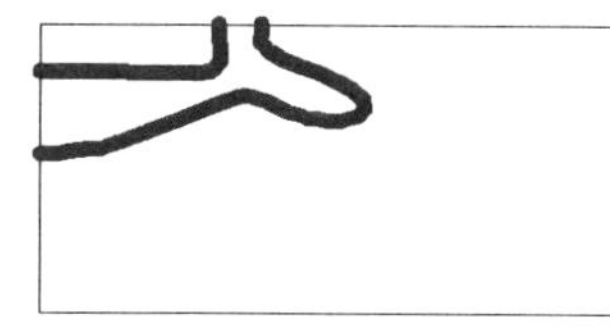
27 cm von 75 cm

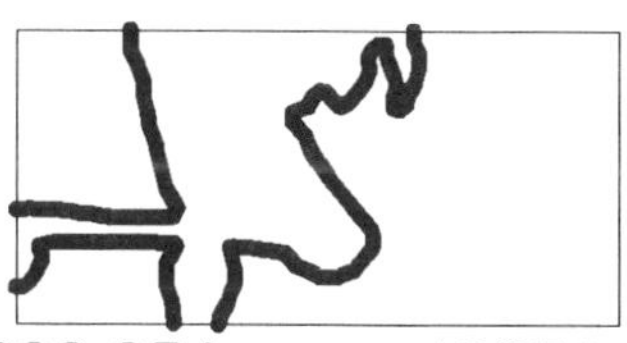
666,25 kg von 1625 kg

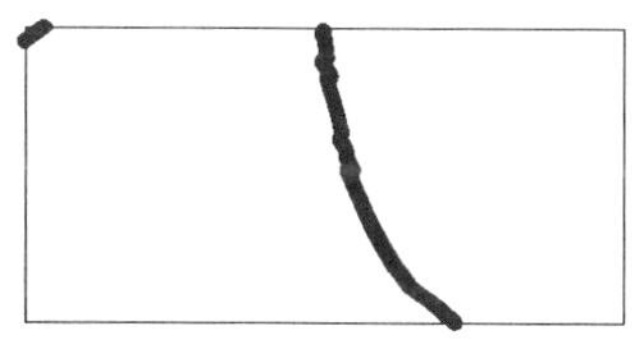
96,4 m von 602,5 m

54 cm von 60 cm

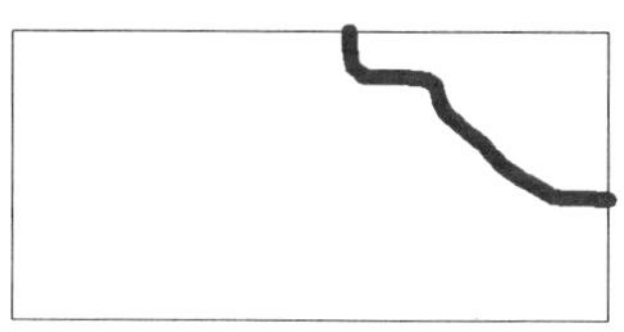
9,45 m von 6,3 m

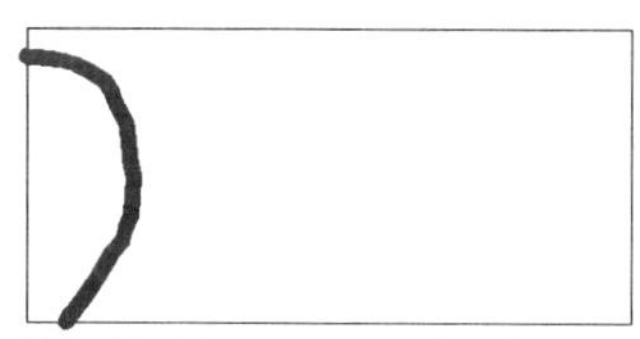
58,75 kg von 2350 kg

12 / von 300 /

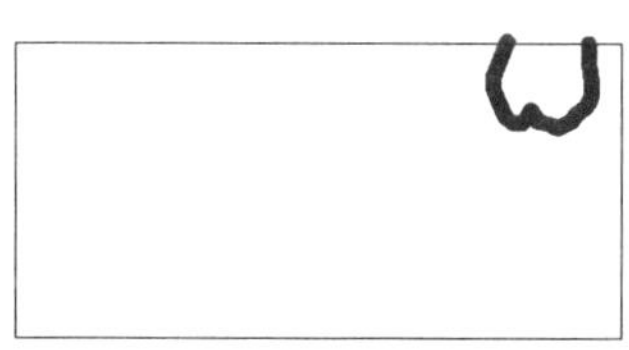
48,96 a von 720 a

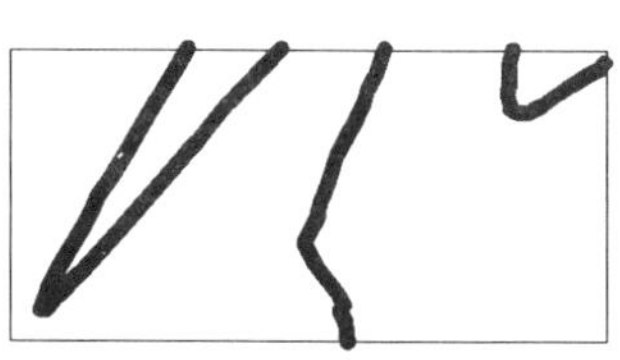
64,68 t von 462 t

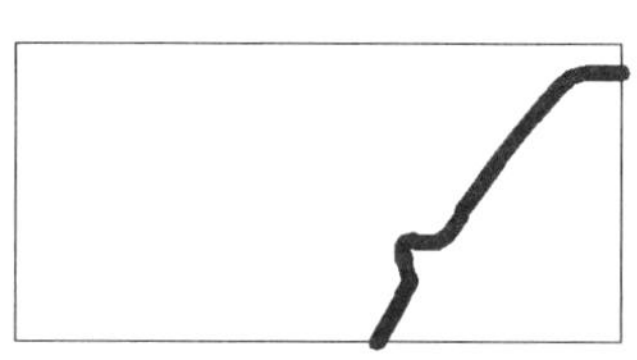
348 DM von 1740 DM

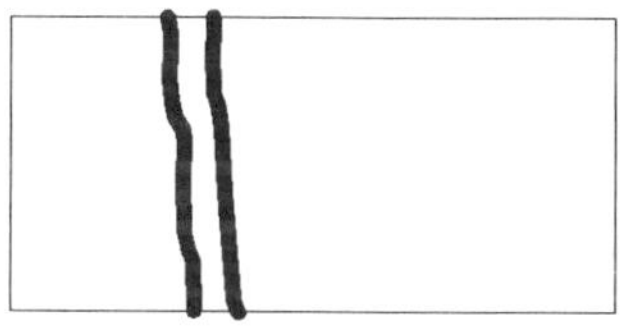
13734 kg von 32,7 t

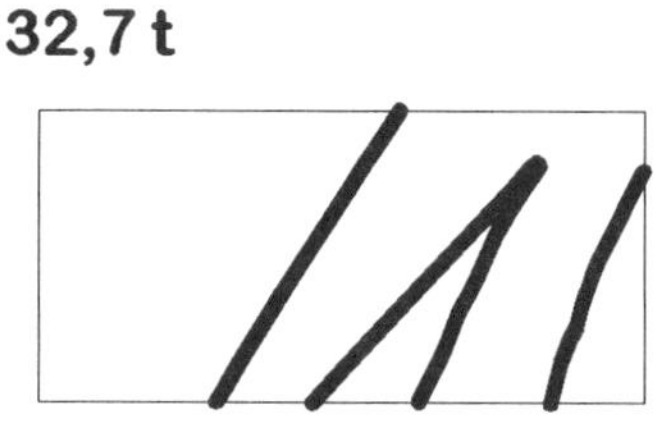
243,84 DM von 762 DM

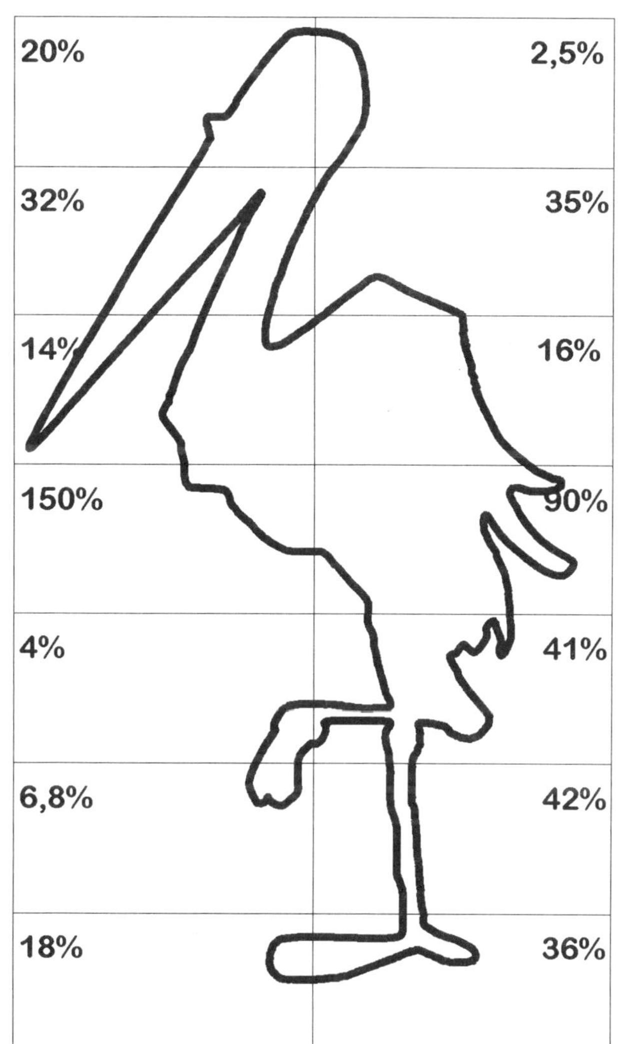

Dr. F. Üxlein

Löse die folgenden Aufgaben zur Prozentrechnung. Nur einer der angegebenen acht DM-Beträge kann richtig sein. Die Buchstaben bei dieser Lösung ergeben von oben nach unten gelesen ein englisches Sprichwort, das zu gut Deutsch besagt, daß die Anzahl Menschen proportional ist der Stimmung, die in dieser Runde herrscht.

	E	H	I	M	O	R	T	
15 % von 254 DM	37,90 DM	41,10 DM	37,40 DM	38,30 DM	39,50 DM	37,10 DM	38,10 DM	38,70 DM
Ware 450 DM + 15 % Mehrwertsteuer	516,90 DM	517,50 DM	517,80 DM	518,20 DM	517,65 DM	517,30 DM	516,50 DM	512,40 DM
Ware 420 DM - 3 % Rabatt	407,40 DM	417,10 DM	407,20 DM	409,30 DM	427,80 DM	407,95 DM	409,10 DM	412,70 DM
4,5 % von 740 DM	33,33 DM	33,60 DM	32,20 DM	35,70 DM	30,70 DM	31,50 DM	30,20 DM	33,30 DM
Ware 480 DM verteuert sich um 8 %	516,40 DM	517,90 DM	518,60 DM	518,40 DM	517,80 DM	581,30 DM	528,45 DM	508,70 DM
Ware 540 DM - 8 % Rabatt	495,70 DM	426,90 DM	476,30 DM	496,20 DM	496,80 DM	466,60 DM	486,40 DM	498,90 DM
16 % von 832 DM	133,17 DM	133,43 DM	133,47 DM	133,52 DM	133,62 DM	133,12 DM	133,22 DM	133,33 DM
Ware 1240 DM verteuert sich um 22,5 %	1519 DM	1517 DM	1515 DM	1529 DM	1509 DM	1511 DM	1516 DM	1510 DM
Ware 1200 DM - 12 % Rabatt	1055 DM	1046 DM	1049 DM	1051 DM	1065 DM	1057 DM	1066 DM	1056 DM
2,75 % von 2560 DM	73,90 DM	69,40 DM	68,50 DM	71,60 DM	70,60 DM	71,20 DM	70,40 DM	70,20 DM
Ware 4250 DM + 15 % Mehrwertsteuer	4886,40 DM	4887,50 DM	4886,10 DM	4888,90 DM	4877,50 DM	4987,10 DM	4886,70 DM	4881,50 DM
Ware 498 DM - 10 % Rabatt	448,20 DM	447,60 DM	447,30 DM	449,60 DM	449,25 DM	428,70 DM	448,10 DM	448,90 DM
Ware 2040 DM - 11,5 % Rabatt	1809,20 DM	1801,10 DM	1801,80 DM	1815,40 DM	1815,70 DM	1802,50 DM	1808,30 DM	1805,40 DM
18 % von 684 DM	121,10 DM	123,10 DM	124,17 DM	123,12 DM	124,32 DM	121,19 DM	113,39 DM	127,10 DM
Ware 600 DM + 15 % Mehrwertsteuer	690 DM	680 DM	691 DM	687 DM	695 DM	692 DM	683 DM	699 DM
Ware 180 DM - 2 % Skonto	178,50 DM	177,10 DM	172,90 DM	175,50 DM	174,10 DM	176,40 DM	175,90 DM	176,90 DM
7,5 % von 3560 DM	277 DM	276 DM	268 DM	263 DM	269 DM	267 DM	271 DM	265 DM
Ware 6760 DM verteuert sich um 2,5 %	6829 DM	6729 DM	6929 DM	6949 DM	6859 DM	6869 DM	6999 DM	6947 DM
Ware 950 DM - 7,5 % Rabatt	878,75 DM	878,25 DM	878,35 DM	878,85 DM	878,95 DM	878,15 DM	878,45 DM	887,55 DM
13 % von 712 DM	93,86 DM	93,26 DM	92,89 DM	93,65 DM	92,65 DM	92,56 DM	91,59 DM	92,86 DM

	E	H	I	M	O	R	T	
15 % von 254 DM							38,10 DM	
Ware 450 DM + 15 % Mehrwertsteuer		517,50 DM						
Ware 420 DM - 3 % Rabatt	407,40 DM							
4,5 % von 740 DM								33,30 DM
Ware 480 DM verteuert sich um 8 %				518,40 DM				
Ware 540 DM - 8 % Rabatt					496,80 DM			
16 % von 832 DM						133,12 DM		
Ware 1240 DM verteuert sich um 22,5 %	1519 DM							
Ware 1200 DM - 12 % Rabatt								1056 DM
2,75 % von 2560 DM							70,40 DM	
Ware 4250 DM + 15 % Mehrwertsteuer		4887,50 DM						
Ware 498 DM - 10 % Rabatt	448,20 DM							
Ware 2040 DM - 11,5 % Rabatt								1805,40 DM
18 % von 684 DM				123,12 DM				
Ware 600 DM + 15 % Mehrwertsteuer	690 DM							
Ware 180 DM - 2 % Skonto						176,40 DM		
7,5 % von 3560 DM						267 DM		
Ware 6760 DM verteuert sich um 2,5 %			6929 DM					
Ware 950 DM - 7,5 % Rabatt	878,75 DM							
13 % von 712 DM						92,56 DM		

THE MORE THE MERRIER

(Je mehr, desto lustiger)

Dr. F. Üxlein

Mathematische Rätsel- und Knobelaufgaben

Ordne den Aussagen in den Kästchen einen mathematischen Term zu. Diesen Term findest Du sicherlich bei den 16 Einzelteilen. Klebe dieses Puzzleteil auf die entsprechende Stelle im großen Schema.

Das Achtfache einer Zahl vermindert um 7	Ich denke mir eine Zahl und halbiere sie. Anschließend addiere ich 12 hinzu.	Die Differenz aus dem Dreifachen einer Zahl und 7	Das Fünffache einer Zahl vermehrt um 3
Bilde die Differenz aus dem Achtfachen einer Zahl und 45.	Der Quotient aus einer Zahl und 4 vermindert um 8	Bilde das Produkt aus 8 und der Summe aus einer Zahl und 12	Bilde die Differenz aus 54 und der Summe aus einer gedachten Zahl und 37
Bilde das Produkt aus 12 und der Summe aus einer Zahl und 8	Bilde die Summe aus dem Achtfachen einer Zahl und 45.	Bilde die Summe aus 54 und der Differenz aus einer gedachten Zahl und 37	Der Quotient einer Zahl und 4 vermehrt um 8
Bilde die Summe aus dem Vierfachen einer Zahl und 9.	Bilde die Summe aus 37 und der Differenz aus einer gedachten Zahl und 54	Das Achtfache einer Zahl vermehrt um 7	Ich denke mir eine Zahl und verdoppele sie. Anschließend subtrahiere ich 12

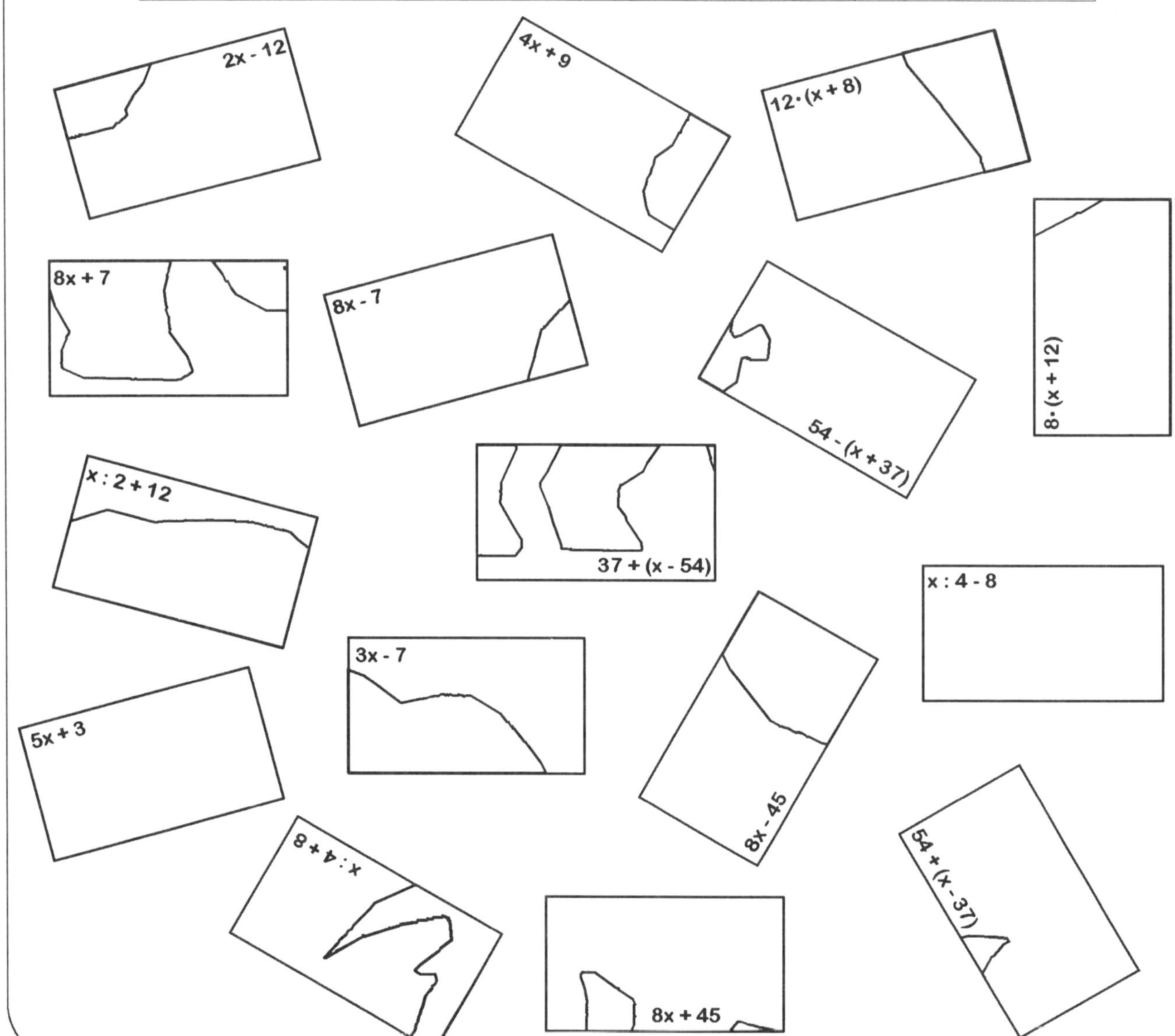

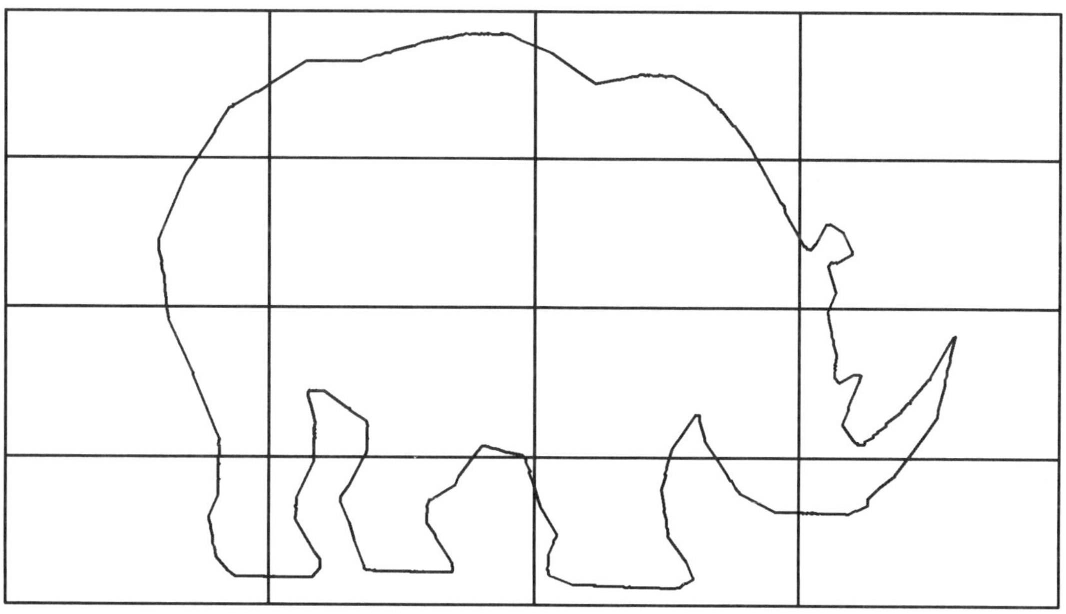

	1	2	3	4	5	6
5	A	B	C	D	E	F
4	G	H	I	J	K	L
3	M	N	O	P	Q	R
2	S	T	U	V	W	X
1	Y	Z	,	.	Ä	Ü

Mit diesem Schema kannst Du prima Geheimbotschaften verschicken. Wie? Nimm z. B. den Buchstaben L. Er steht in der Zeile mit der Ziffer 4 und der Spalte mit der Ziffer 6. Also stellt man das L durch die Zahl 4,6 dar. Alles klar? Dann entschlüsse bitte mal ein englisches Sprichwort, das zu deutsch besagt: »Schlechte Nachrichten verbreiten sich rasend schnell.« Allerdings mußt Du zunächst einmal die siebzehn Gleichungen lösen. Sicher kein Problem für Dich.

Gleichung	Zahl	Buchstabe
$(14 - 2x) + (7{,}4 + 5x) = 37$	☐ , ☐	☐
$4 \cdot (x + 1{,}9) + 15{,}7 = 2 \cdot (x - 1{,}1) + 7x$	☐ , ☐	☐
$(x + 2{,}7) \cdot 8 = 12x$	☐ , ☐	☐
$2 \cdot (3x + 8{,}4) = 15x - 12$	☐ , ☐	☐
$8x + 17 - (45 - 4x) = 71 - 6x$	☐ , ☐	☐
$3 \cdot (27{,}5 - 2x) = 5 \cdot (7x - 4)$	☐ , ☐	☐
$12{,}2 = (24{,}9 - x) - (19 - 4x)$	☐ , ☐	☐
$15x - 4 \cdot (5x - 6) = 13$	☐ , ☐	☐
$59 - 3 \cdot (5x - 1) + 3 \cdot (2 + x) = 39{,}2 - 4x$	☐ , ☐	☐
$4{,}6 - 3 \cdot (2{,}8 - 0{,}4x) + 2x = 12{,}52$	☐ , ☐	☐
$\frac{1}{3}x = x - 1{,}6$	☐ , ☐	☐
$(8x + 7) - (5x + 9) = (3x + 7) - (42 - 6x)$	☐ , ☐	☐
$\frac{1}{2}x + 0{,}7 = x - 1{,}6$	☐ , ☐	☐
$7 \cdot (4x + 2{,}6) - 5 \cdot (7x - 4{,}2) = 0$	☐ , ☐	☐
$(27 - 5x) \cdot 7 - 1{,}5 \cdot x = x - 2{,}25$	☐ , ☐	☐
$(12{,}4 - 3x) \cdot 1{,}5 = (7x + 15{,}8) \cdot 0{,}3$	☐ , ☐	☐
$43x + 3{,}4 = 7 \cdot (5x + 3)$	☐ , ☐	☐

	1	2	3	4	5	6
5	A	B	C	D	E	F
4	G	H	I	J	K	L
3	M	N	O	P	Q	R
2	S	T	U	V	W	X
1	Y	Z	,	.	Ä	Ü

Zahl	Buchstabe
5 , 2	B
5 , 1	A
5 , 4	D
3 , 2	N
5 , 5	E
2 , 5	W
2 , 1	S
2 , 2	T
3 , 6	R
5 , 1	A
2 , 4	V
5 , 5	E
4 , 6	L
5 , 6	F
5 , 1	A
2 , 1	S
2 , 2	T

Dr. F. Üxlein

Mathematische Rätsel- und Knobelaufgaben

Jetzt bin ich gespannt, ob Du dieses Super-Puzzle-Zeichenrätsel schaffst. Du mußt die Aufgaben unter den 25 Einzelteilen lösen. Die Lösung verrät Dir, wohin Du das Puzzleteil übertragen mußt. Zum Beispiel muß das Teil mit der Lösung 72 in die Zeile (waagerecht) 7 und in die Spalte (senkrecht) 2. Alles geschnallt? Dann viel Erfolg!

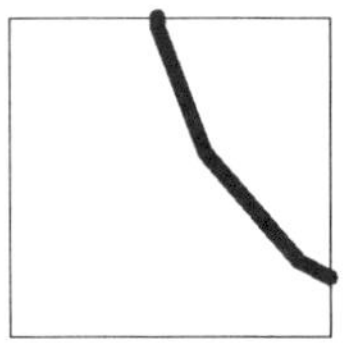

$x - 15 = 57$
$x = 72$

$5 \cdot x = 215$

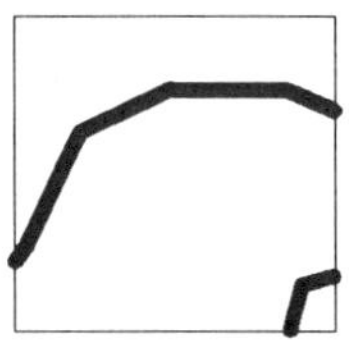

$x - 26 = 72$

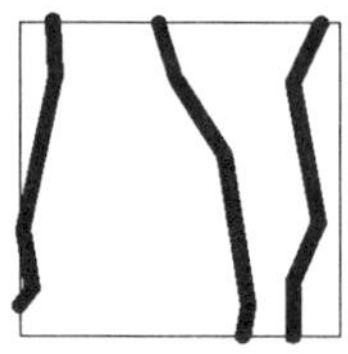

$x : 2 = 29$

$312 : x = 26$

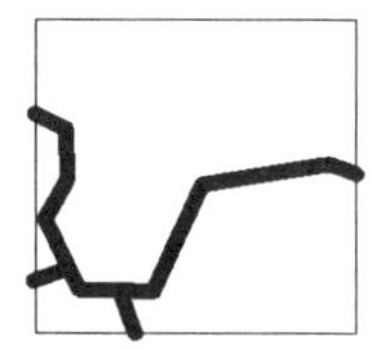

$x + 93 = 190$

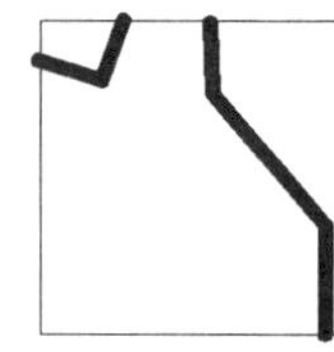

$x + 15 = 61$

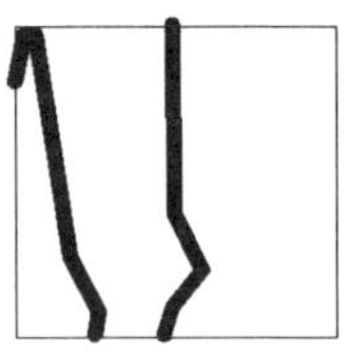

$(x - 14):7 = 6$

$(x - 2):5 = 10$

$x - 25 = 28$

$x : 8 = 12$

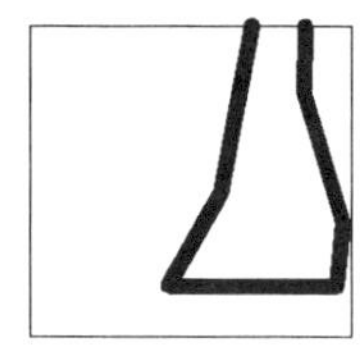

$5 \cdot x = 90$

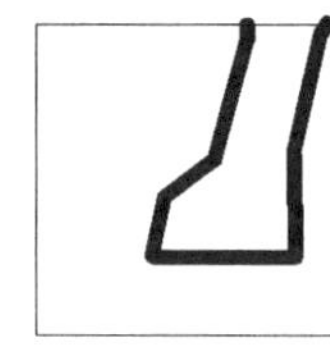

$91 : x = 7$

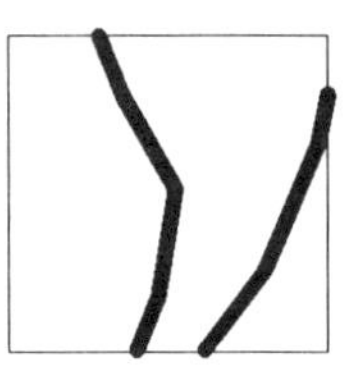

$(x + 3):20 = 3$

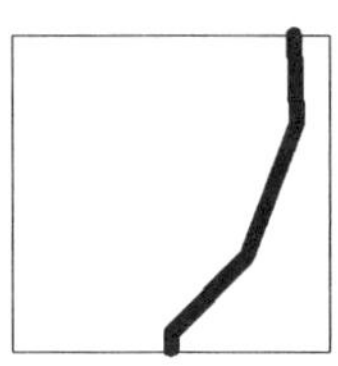

$x : 4 = 19$

$4 \cdot x + 62 = 370$

$(x + 7):5 = 16$

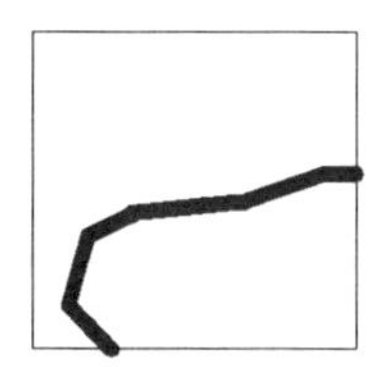

$(x + 5) \cdot 3 = 291$

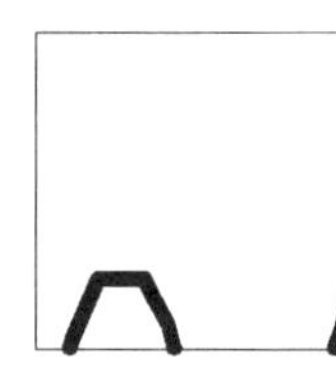

$4 \cdot (x - 12) = 264$

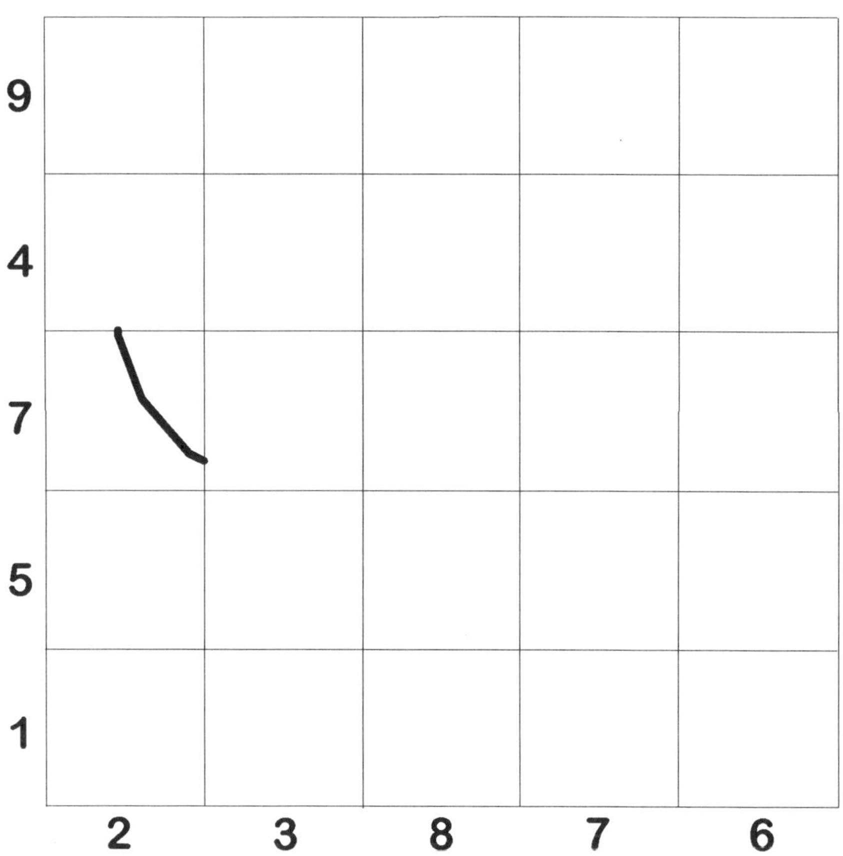

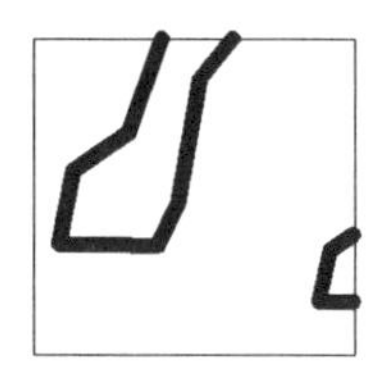

$391 : x = 23$

$x : 21 = 2$

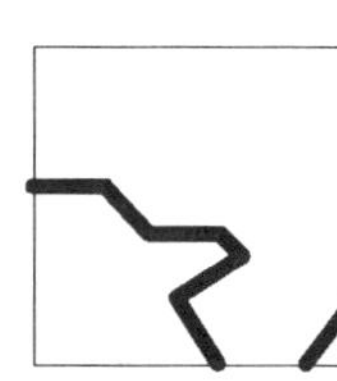

$x : 3 = 31$

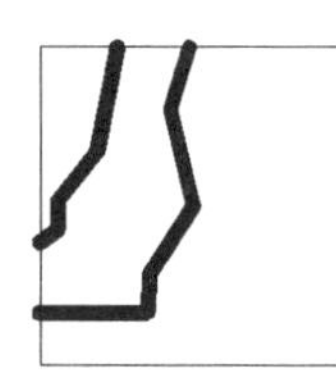

$624 : x = 39$

$x : 8 = 6$

$5 \cdot x - 35 = 200$

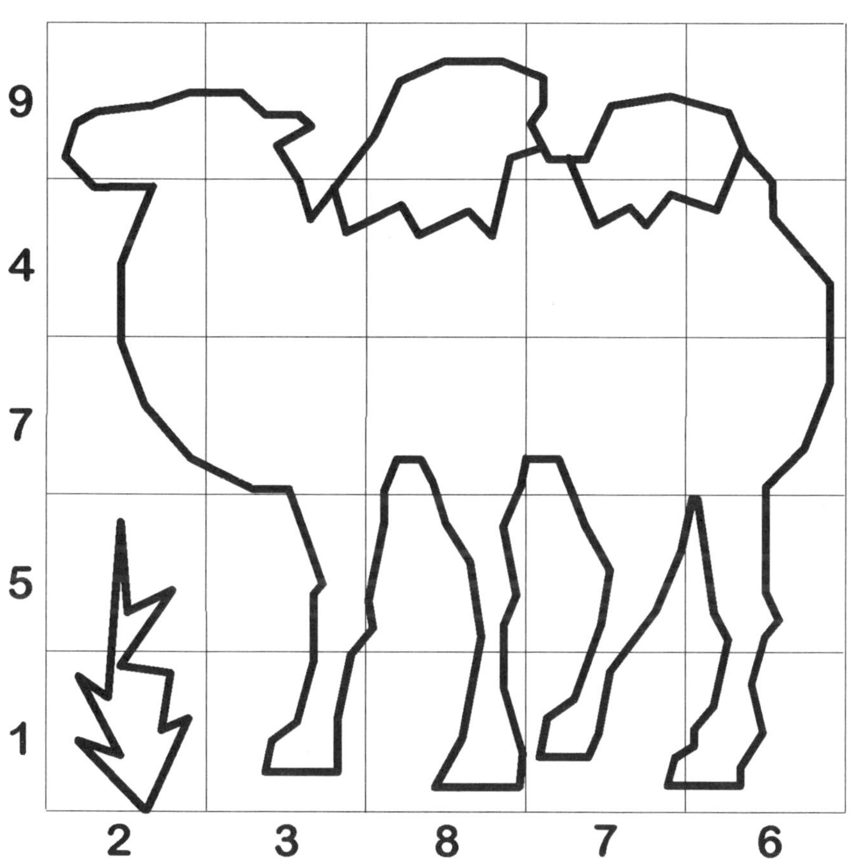
9
4
7
5
1
2
3
8
7
6

Hier präsentiere ich dir ein Kreuzzahlrätsel:

A	B	■	C	■	D	E
F		G		H		
	■	I			■	
J			■	K		
	■	L	M		■	
N	O				P	
Q		■		■	R	

Waagerecht:

A $3^3 - 5 \cdot 3$

D $38376 : 738 + 12$

F $144 \cdot 63961$

I $4^5 - 5^4$

J $\sqrt{91204}$

K $5 \cdot (64 - 8)$

L $60960 : 127 - 10$

N $8008008 - 5819600 + 20$

Q $7 - 3 + 7^2$

R $(13 - 11) \cdot (6 + 9)$

Senkrecht:

A 5^9

B $15268 : 694$

C $6181569 : 7641$

D $\sqrt{4624}$

E $9870314 - 5459534$

G $72 \cdot 184$

H 198^2

M $802032 : 1023$

O $169 : 13$

P $\sqrt{529}$

A 1	B 2		C 8		D 6	E 4
F 9	2	G 1	0	H 3	8	4
5		I 3	9	9		1
J 3	0	2		K 2	8	0
1		L 4	M 7	0		7
N 2	O 1	8	8	4	P 2	8
Q 5	3		4		R 3	0

Hier präsentiere ich dir ein Kreuzzahlrätsel:

A	B	■	C	■	D	E
F		G		H		
	■	I			■	
J			■	K		
	■	L	M		■	
N	O				P	
Q		■		■	R	

Waagerecht:

A $2^6 - 26$

D $3 \cdot 7^4 - 3 \cdot 2383$

F $56^4 - 5 \cdot 47^3 - 5747007$

I $78^3 - 372676 - 101304$

J $2{,}2^4 \cdot 20 + 288{,}488$

K $3^6 + 51$

L $(32{,}5^3 - 0{,}125) : 4291 \cdot 114{,}5$

N $6^9 : 5 + 893314{,}8$

Q $2 \cdot 3^3 + 3 \cdot 2^2 + 5^2$

R $5 \cdot 1{,}5^3 + 37{,}125$

Senkrecht:

A 1827^2

B $(6^8 + 2 \cdot 3^8) \cdot 2 - 3385391$

C $(96 - 79)^2 + 298$

D $(1{,}6 + 2{,}93)^2 + 36{,}4791$

E $154^3 + 778480$

G $10^5 \cdot 0{,}6579$

H 8^5

M $5^3 : 2{,}5 + 1{,}2^3 + 135{,}272$

O $10^2 - 3^2$

P $3^8 - 2^9 - 5482 - 512$

A 3	B 8	■	C 5	■	D 5	E 4
F 3	5	G 6	8	H 3	7	4
3	■	I 5	7	2	■	3
J 7	5	7	■	K 7	8	0
9	■	L 9	M 1	6	■	7
N 2	O 9	0	8	8	P 5	4
Q 9	1	■	7	■	R 5	4

Dr. F. Üxlein

Mathematische Rätsel- und Knobelaufgaben

Ein kleines Puzzle gefällig? Das geht zwar auch ohne großartige Rechnerei, aber wenn Du trotzdem die Gleichungen mit den Brüchen löst, erfährst Du, wohin Du das einzelne Puzzleteil übertragen mußt.

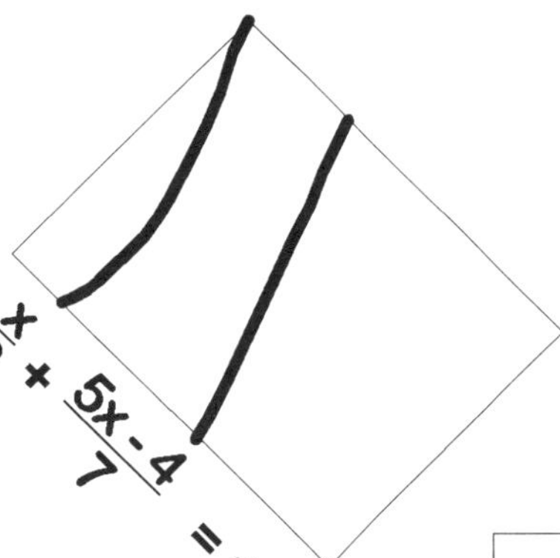

$$\frac{x}{3} + \frac{5x - 4}{7} = 12$$

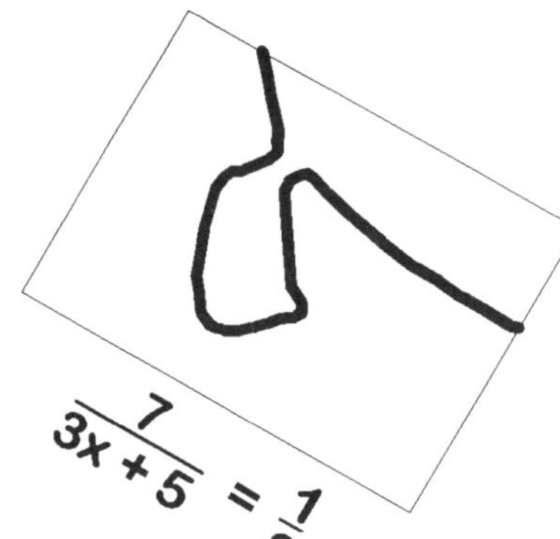

$$\frac{7}{3x + 5} = \frac{1}{8}$$

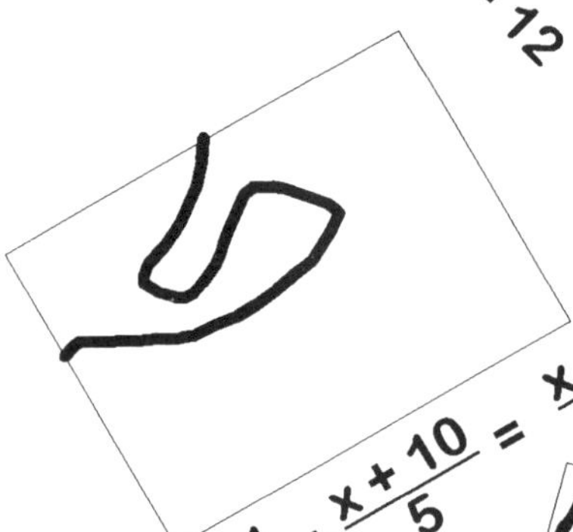

$$\frac{x - 11}{2} + \frac{x + 10}{5} = \frac{x - 1}{2}$$

$$\frac{10}{7x + 9} = \frac{1}{x}$$

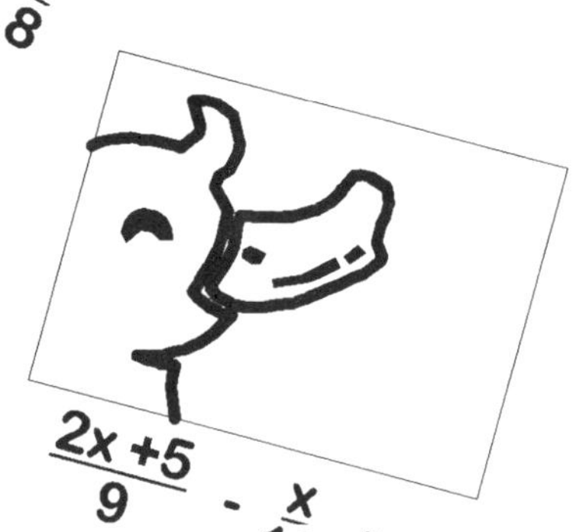

$$\frac{2x + 5}{9} - \frac{x}{10} = 3$$

$$\frac{3}{17x - 8} = \frac{1}{5x}$$

$$\frac{2x - 4}{3} = \frac{4x + 1}{3} - \frac{3x + 4}{4}$$

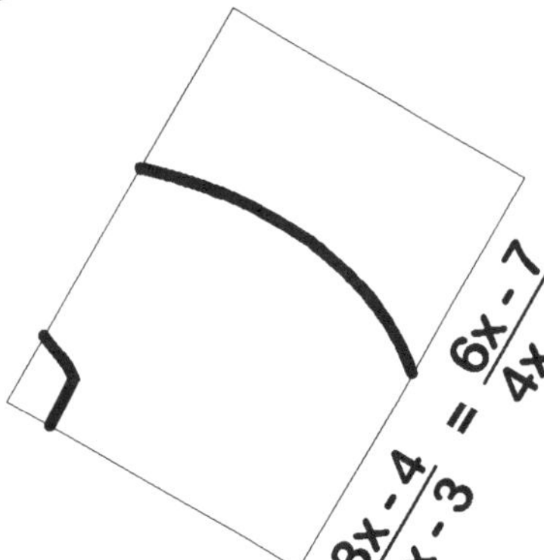

$$\frac{3x - 4}{2x - 3} = \frac{6x - 7}{4x - 5}$$

8	20
3	12
4	1
17	15

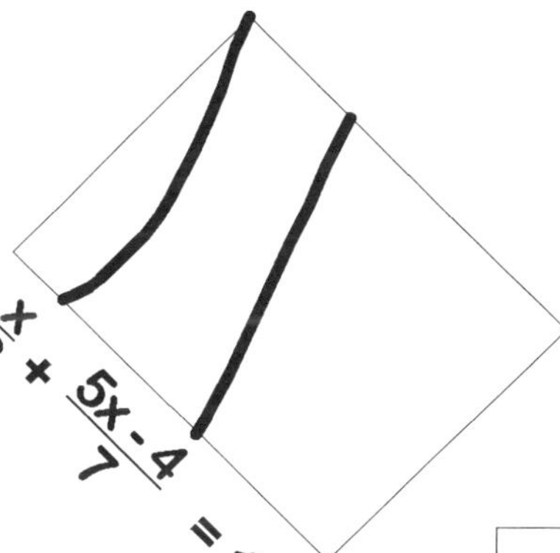

$\frac{x}{3}+\frac{5x-4}{7}=12$

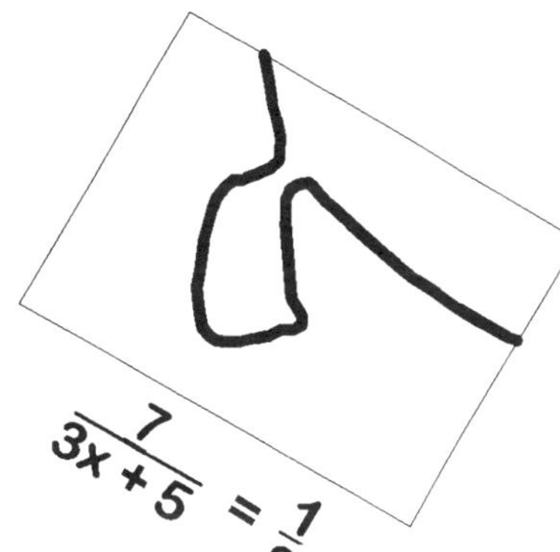

$\frac{7}{3x+5}=\frac{1}{8}$

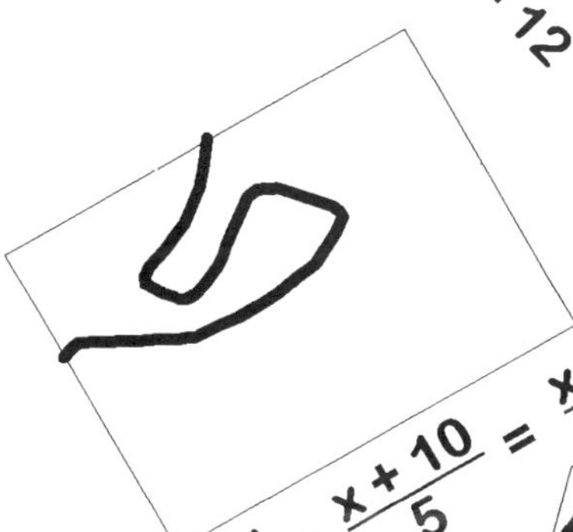

$\frac{x-11}{2}+\frac{x+10}{5}=\frac{x-1}{2}$

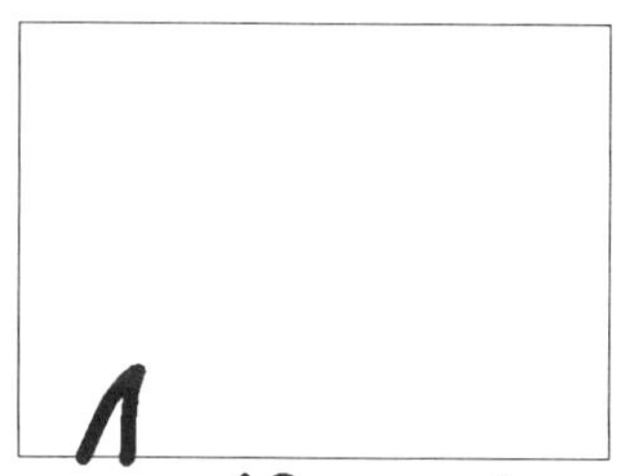

$\frac{10}{7x+9}=\frac{1}{x}$

$\frac{2x+5}{9}-\frac{x}{10}=3$

$\frac{3}{17x-8}=\frac{1}{5x}$

$\frac{2x-4}{3}=\frac{4x+1}{3}-\frac{3x+4}{4}$

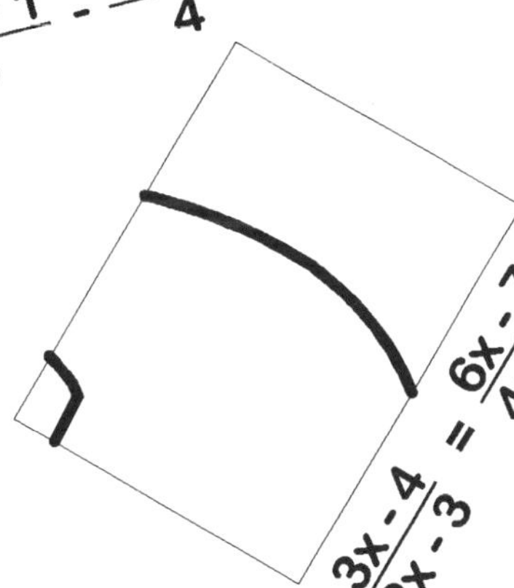

$\frac{3x-4}{2x-3}=\frac{6x-7}{4x-5}$

Dr. F. Üxlein

Mathematische Rätsel- und Knobelaufgaben

Löse die Bruchgleichungen. Die Lösung sagt Dir, wohin Du das Puzzleteil übertragen mußt.

$$\frac{2x+3}{x-2} - \frac{x+7}{x-1} = 1$$

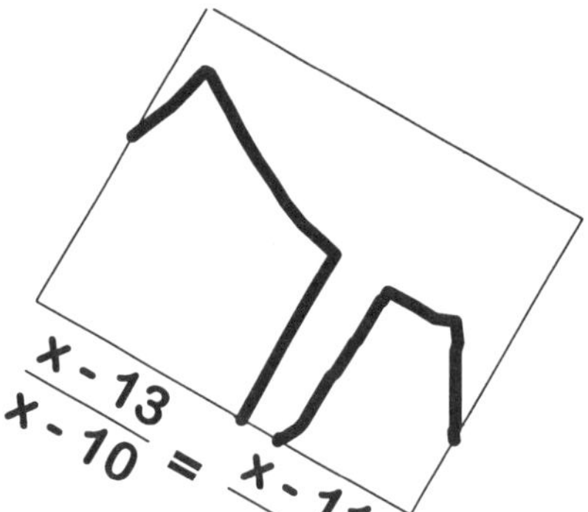

$$\frac{x-13}{x-10} = \frac{x-11}{x-5}$$

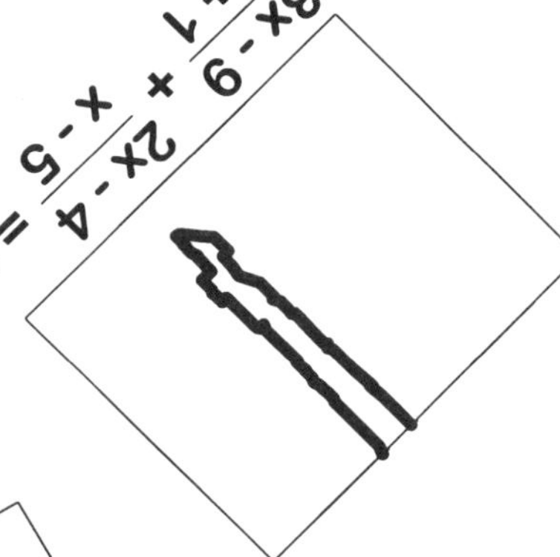

$$\frac{3x-9}{x+1} + \frac{2x-4}{x-5} = 5$$

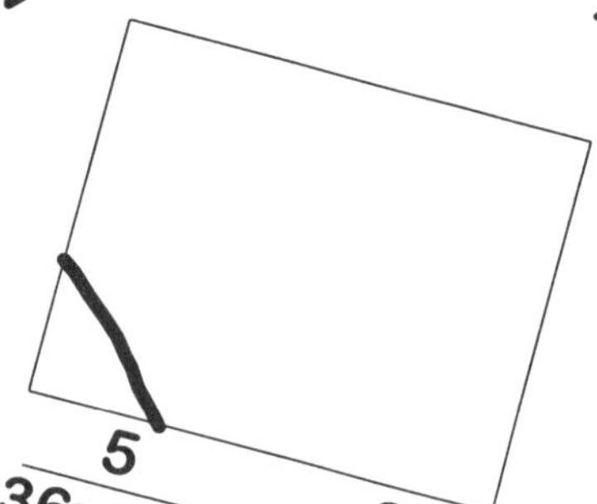

$$\frac{5}{36x+7} = \frac{3}{24x-3}$$

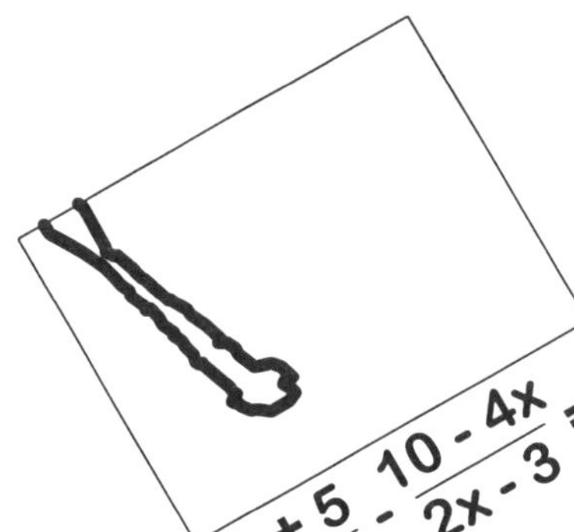

$$\frac{5x+5}{5x-7} - \frac{10-4x}{2x-3} = 3$$

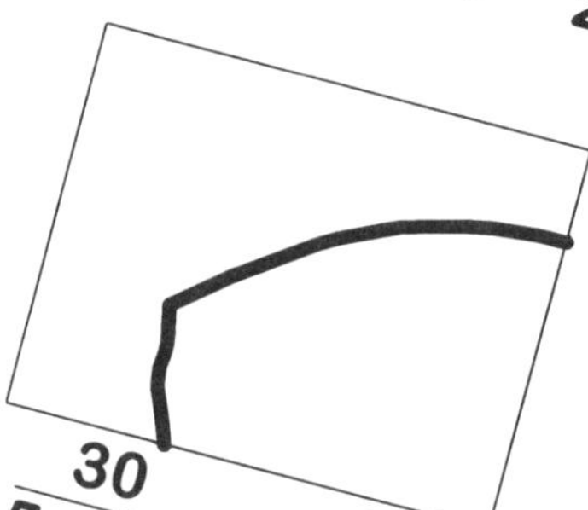

$$\frac{30}{5x-11} = \frac{5}{3x-17}$$

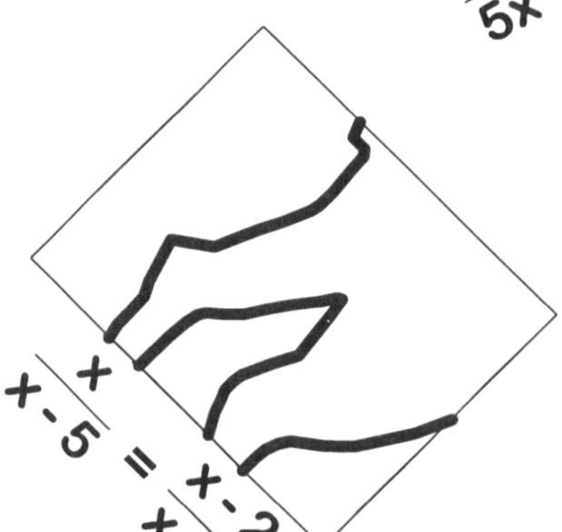

$$\frac{x}{x-5} = \frac{x-2}{x-6}$$

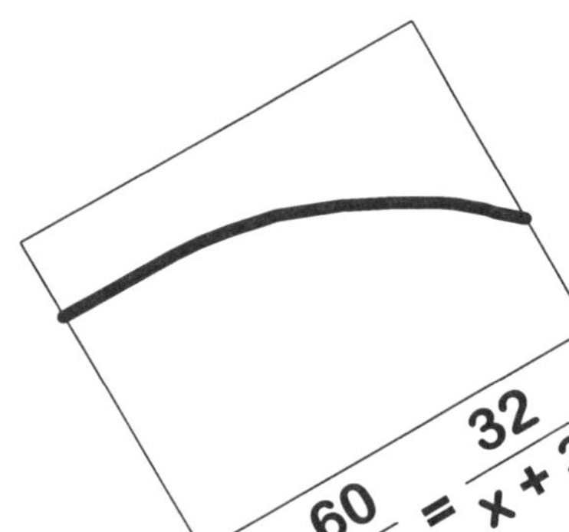

$$\frac{60}{3x} = \frac{32}{x+3}$$

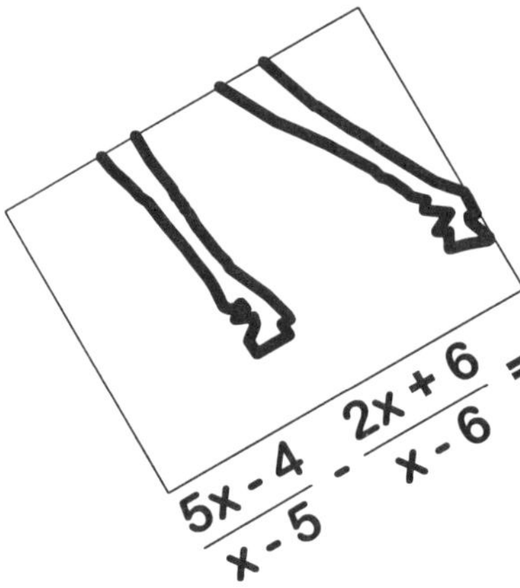

$$\frac{5x-4}{x-5} - \frac{2x+6}{x-6} = 3$$

7	5	3
10	15	9
12	11	2

$$\frac{2x+3}{x-2} - \frac{x+7}{x-1} = 1$$

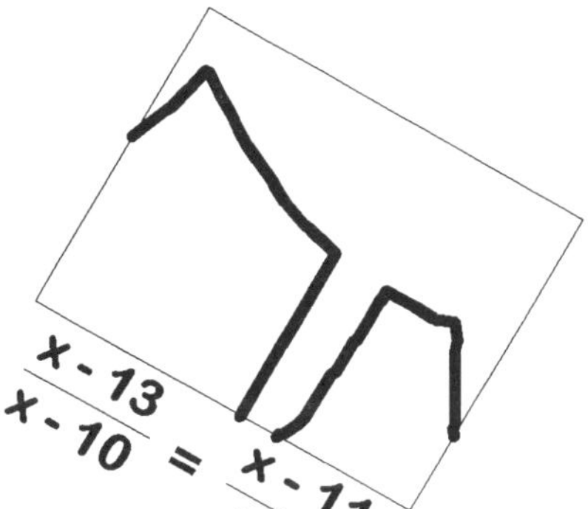

$$\frac{x-13}{x-10} = \frac{x-11}{x-5}$$

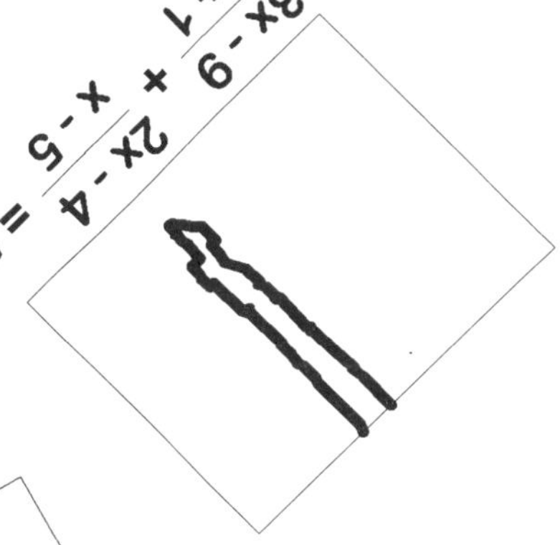

$$\frac{x+1}{3x-9} + \frac{x-5}{2x-4} = 5$$

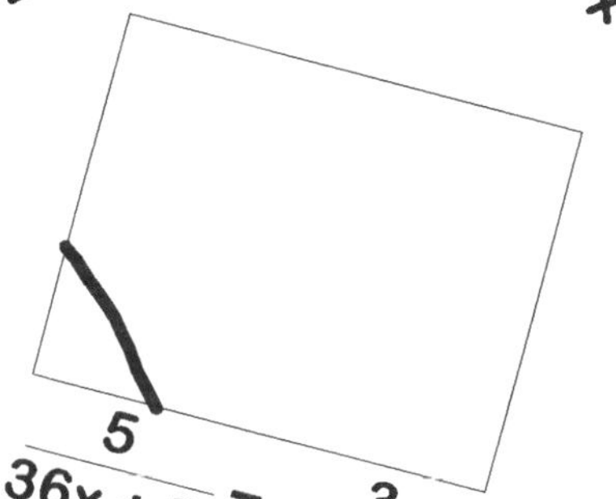

$$\frac{5}{36x+7} = \frac{3}{24x-3}$$

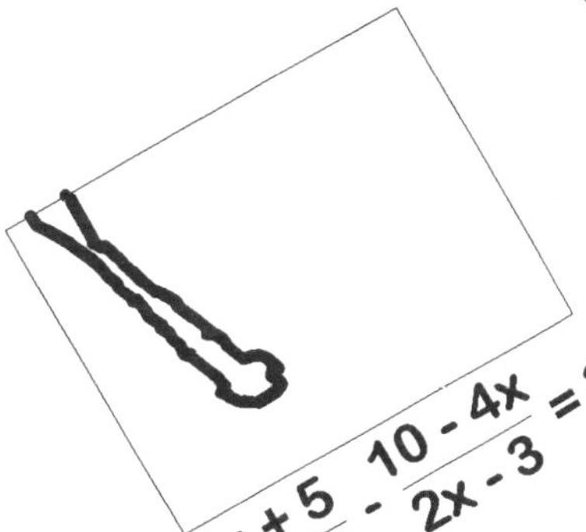

$$\frac{5x+5}{5x-7} - \frac{10-4x}{2x-3} = 3$$

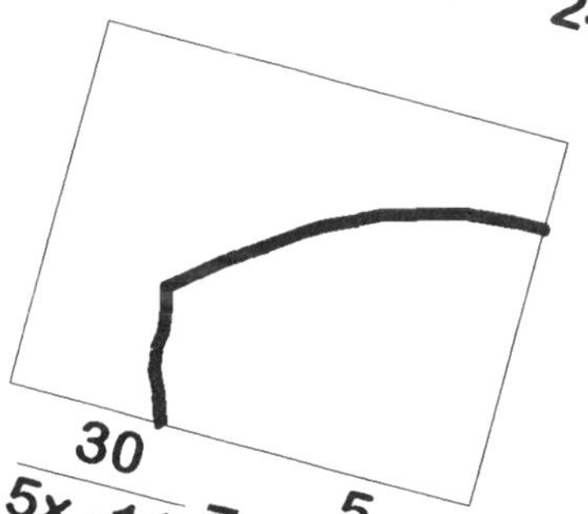

$$\frac{30}{5x-11} = \frac{5}{3x-17}$$

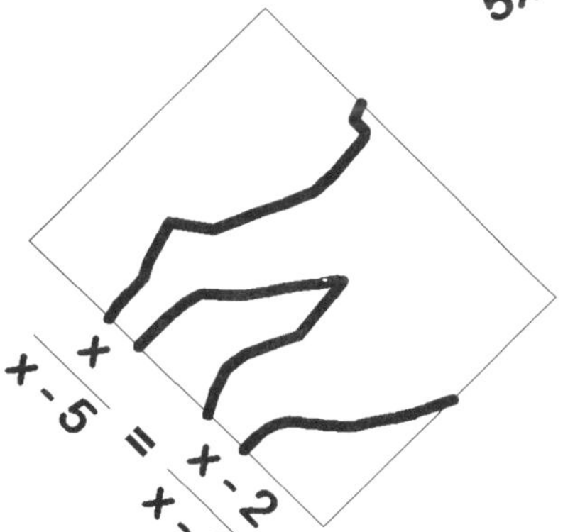

$$\frac{x}{x-5} = \frac{x-2}{x-6}$$

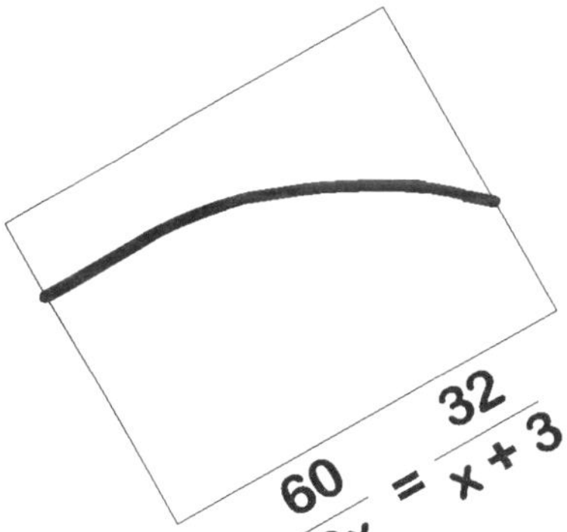

$$\frac{60}{3x} = \frac{32}{x+3}$$

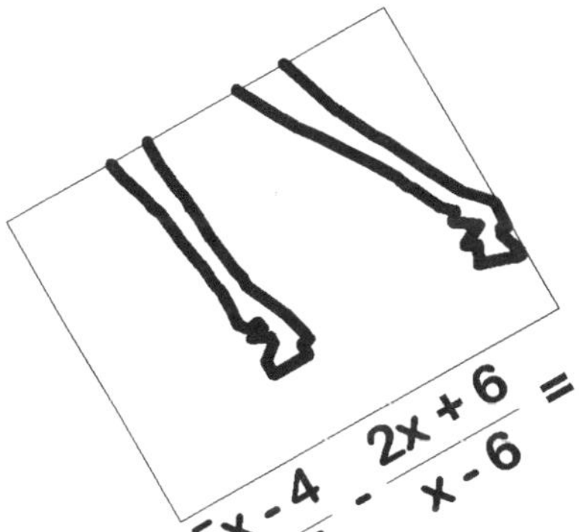

$$\frac{5x-4}{x-5} - \frac{2x+6}{x-6} = 3$$

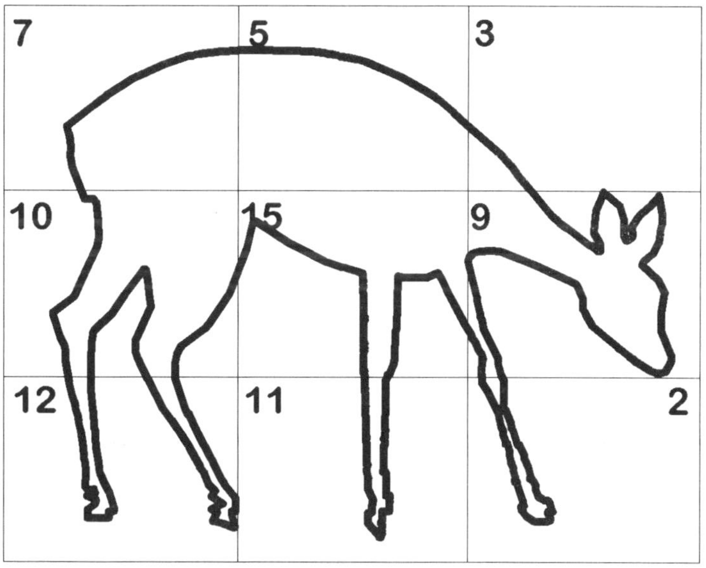

Dr. F. Üxlein

Mathematische Rätsel- und Knobelaufgaben

Löse die Geichungssysteme unter den 12 Puzzleteilen. Deine Lösung verrät Dir, wohin Du das Teil übertragen mußt.

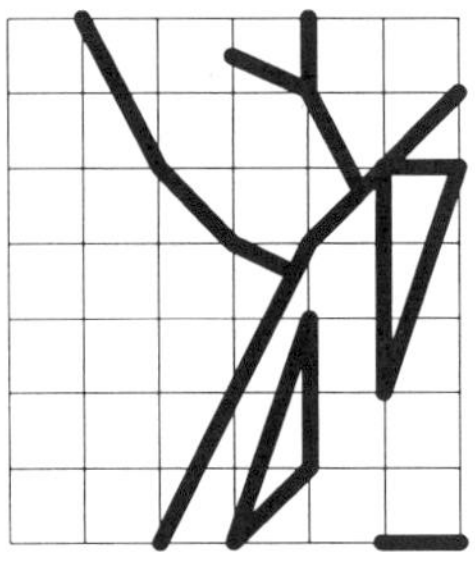

$6y = 9x - 3$
$6y = 18x - 48$

$2(12x-5) - 3(15y+1) = 14y$
$3(5x-7y) - 7(3x-2y) = -25$

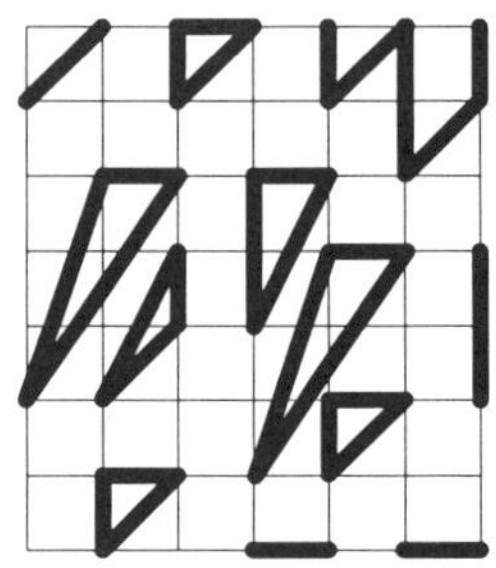

$5y = 2x + 4{,}25$
$5y = -3x - 1$

$4 + x = 2y$
$x = -6y - 16$

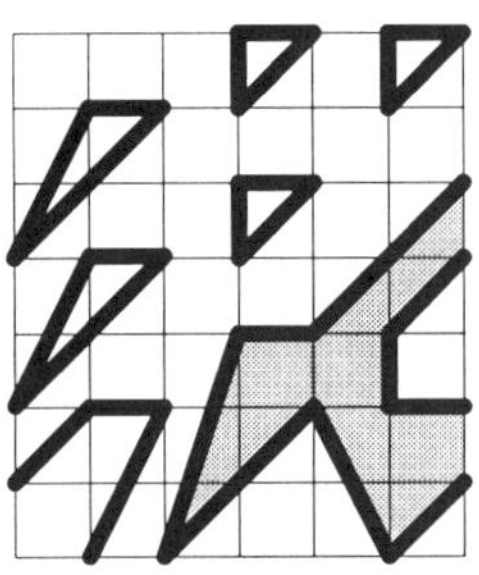

$4x = 5y + 2$
$4x = 3y - 14$

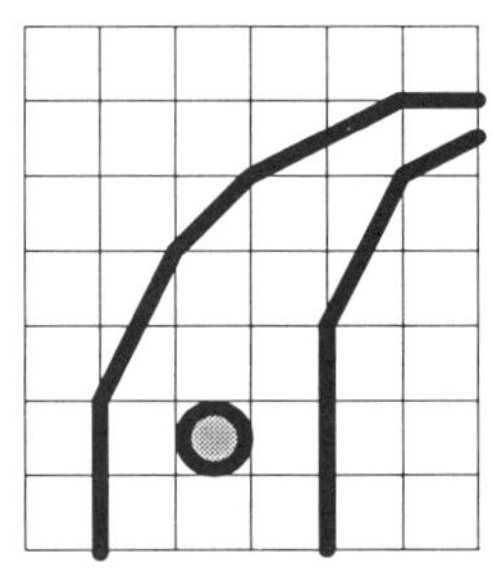

$3(x + 5) - 2(y - 4) = 31$
$5(x + 6) - 3(y + 6) = 26$

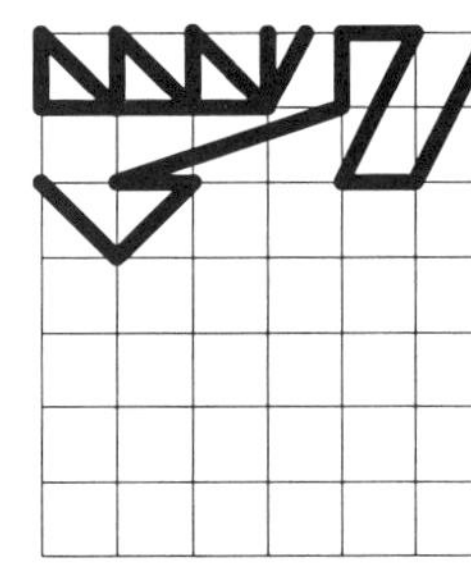

$8x - 2y = -12{,}4$
$2y = 5x + 1$

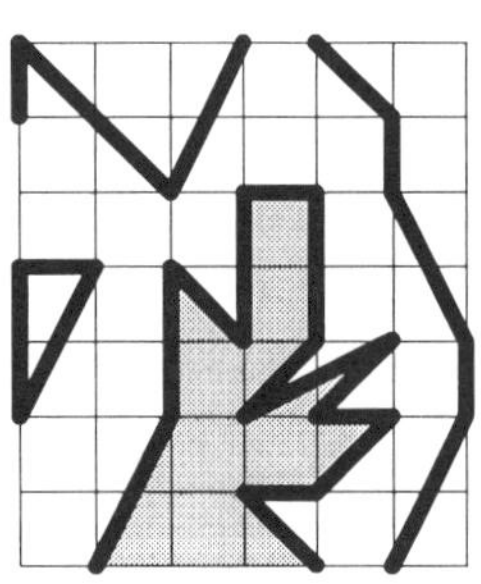

$15x + 7y = 36$
$y = x + 2$

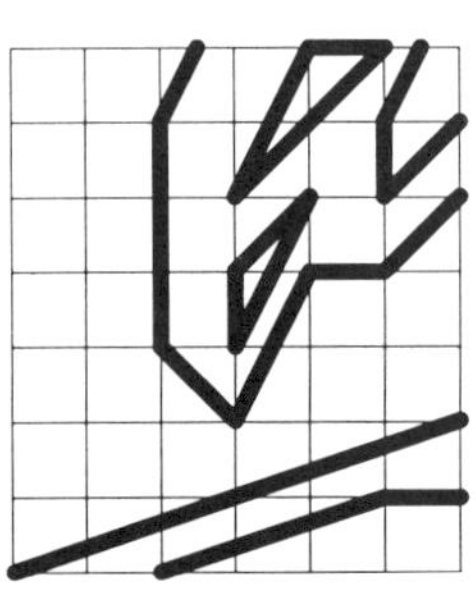

$x + y = 25$
$x - y = 5$

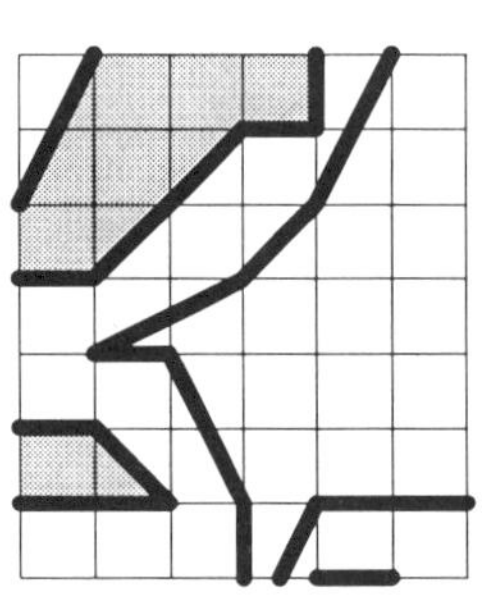

$5x + 6y = 47$
$9x - 12y = 39$

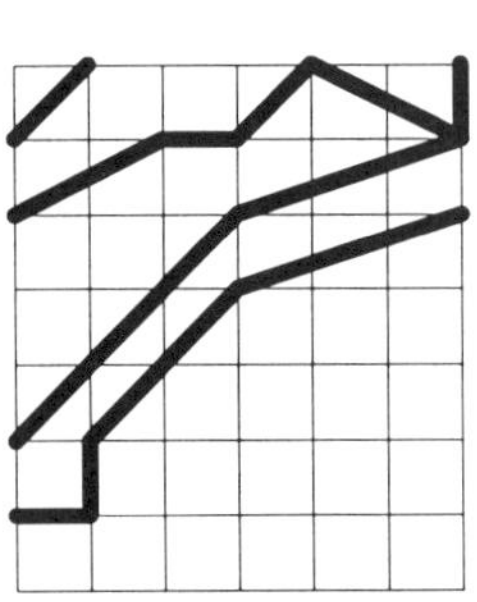

$6x + 7y = 58$
$14x - 11y = 26$

$13y = 5x + 1$
$13y = 9x - 19$

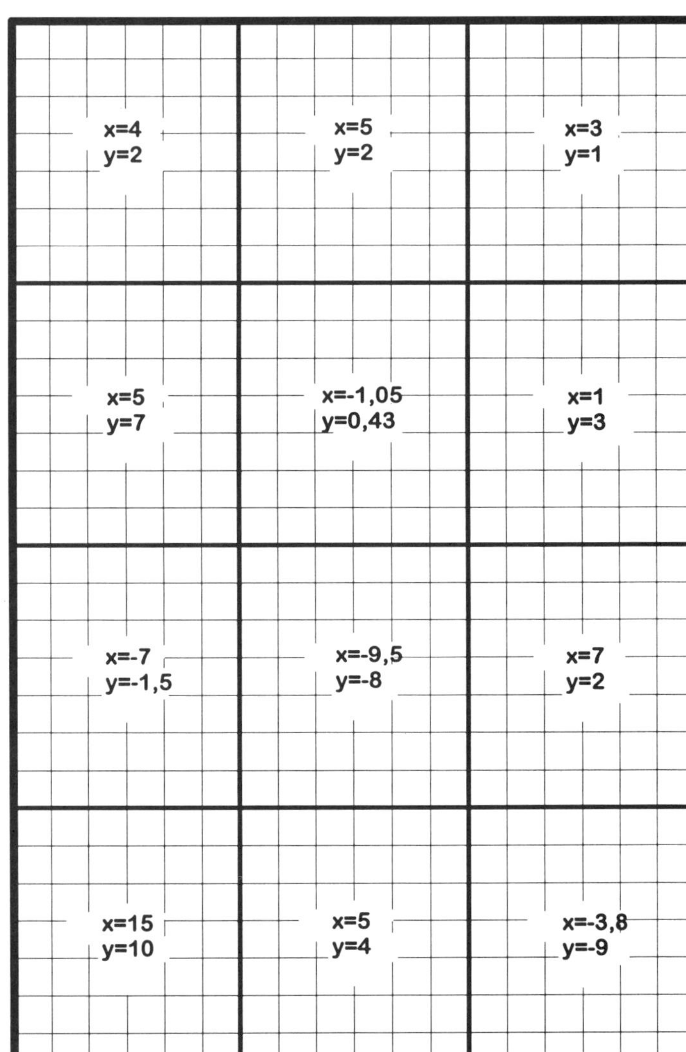

Rechtwinklig sehen die 18 Dreiecke ja nun mal aus. Ob sie aber wirklich rechtwinklig sind, das zeigt nur der altbekannte Satz des Pythagoras: In jedem rechtwinkligen Dreieck ist die Summe der Kathetenquadrate gleich dem Hypotenusenquadrat.

Überprüfe also bei jedem Dreieck, ob gilt $a^2 + b^2 = c^2$.

Die Buchstaben bei den Dreiecken, wo der Satz des Pythagoras nicht zutrifft, ergeben nacheinander gelesen den Namen eines griechischen Philosophen.

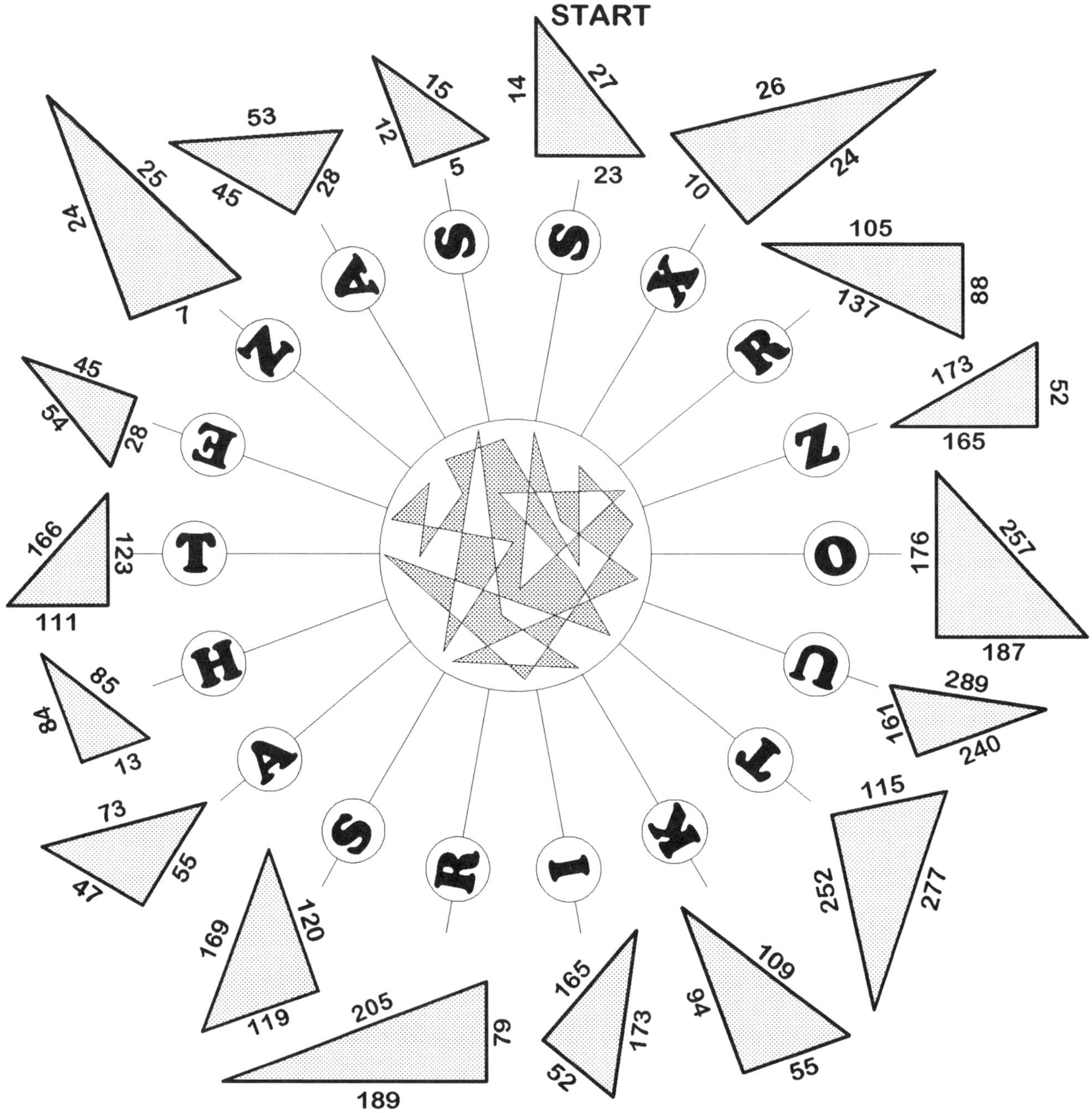

SOKRATES

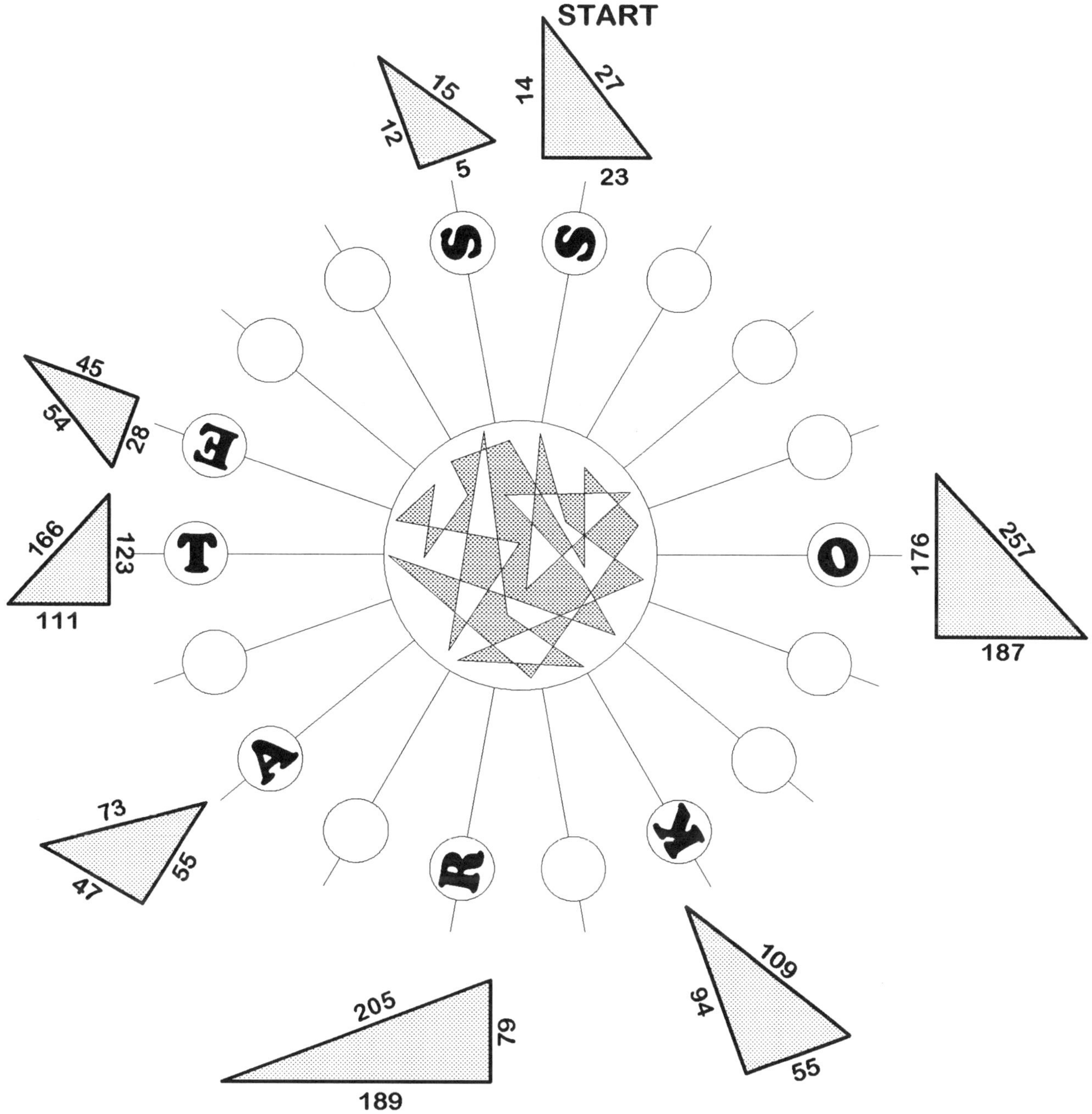
START
14
27
23
15
12
5
S
S
45
54
28
E
166
123
111
T
O
176
257
187
A
73
55
47
R
K
205
79
189
109
94
55

Wie groß ist der Flächeninhalt der elf Figuren? Zur Auswahl stehen 21 Ergebnisse, von denen selbstverständlich nur elf richtig sein können. Bei richtiger Lösung ergeben die danebenstehenden Buchstaben - von oben nach unten gelesen - die Bezeichnung für einen lederartigen Kunststoff aus Zellulose. Runde auf 2 Stellen nach dem Komma.

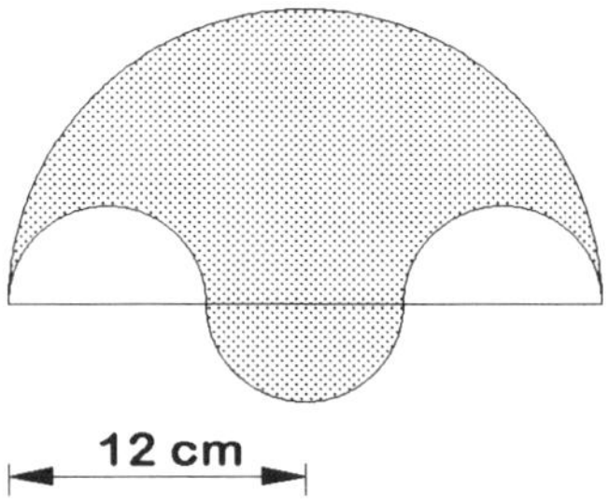

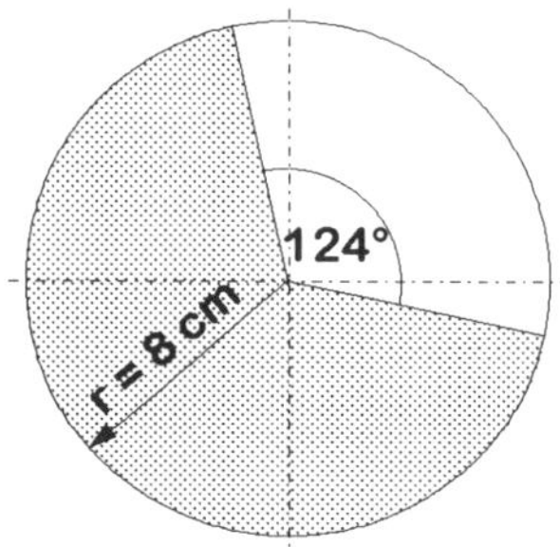

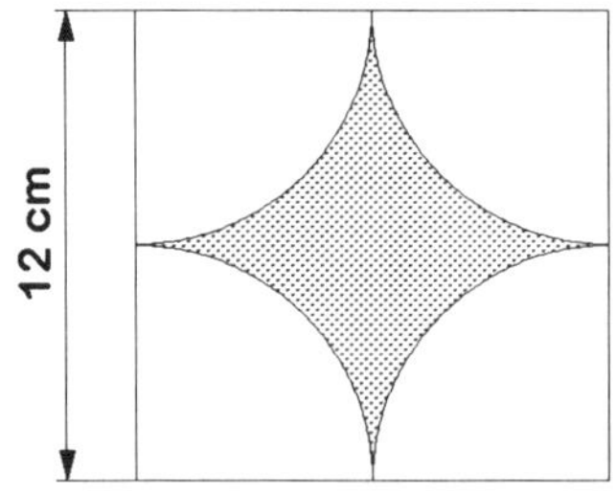

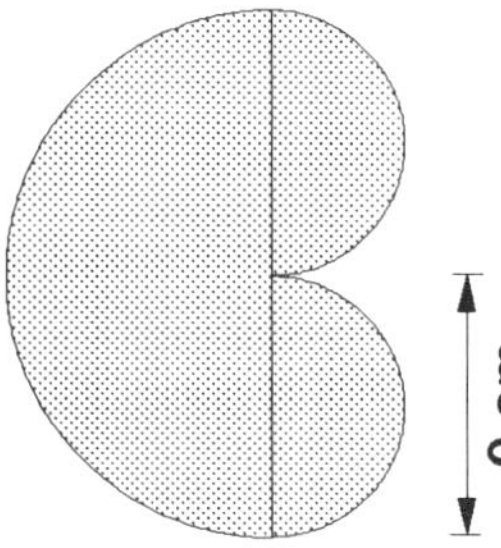

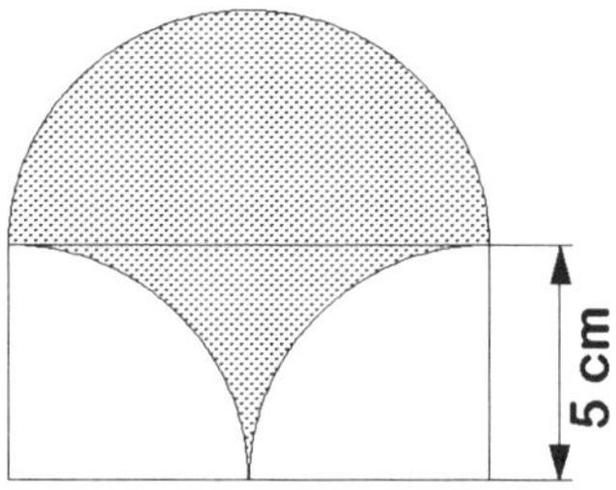

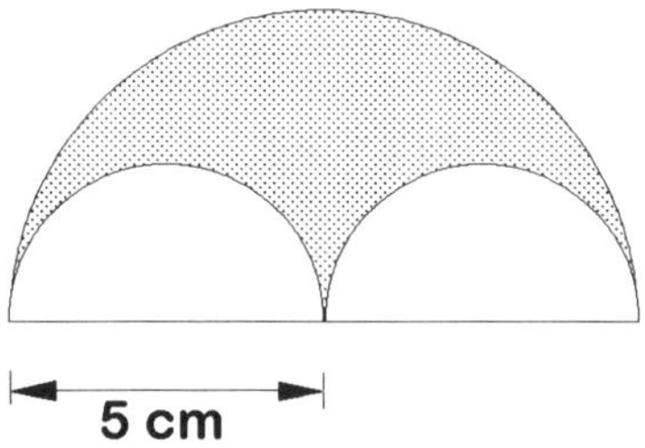

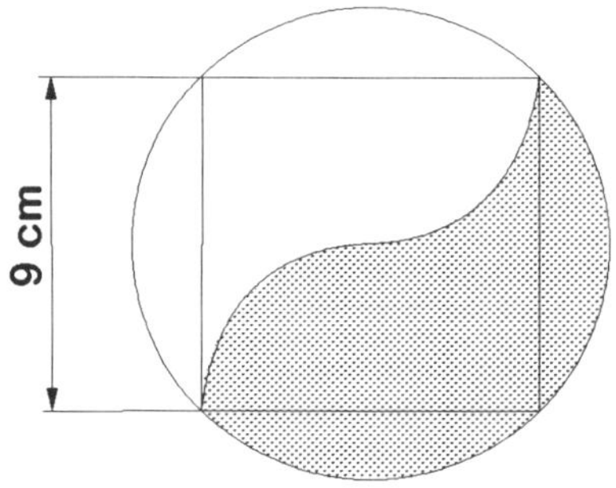

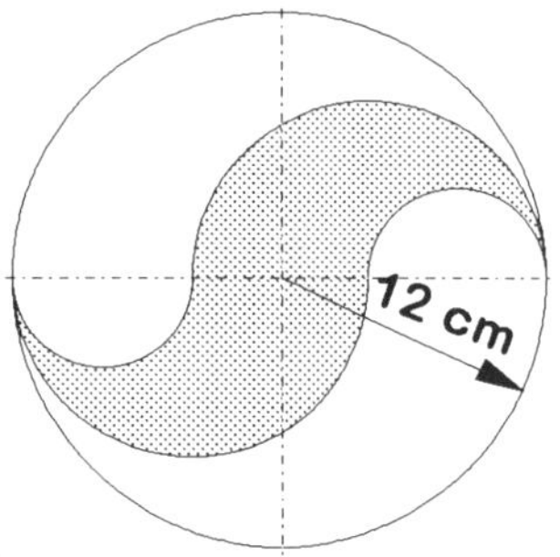

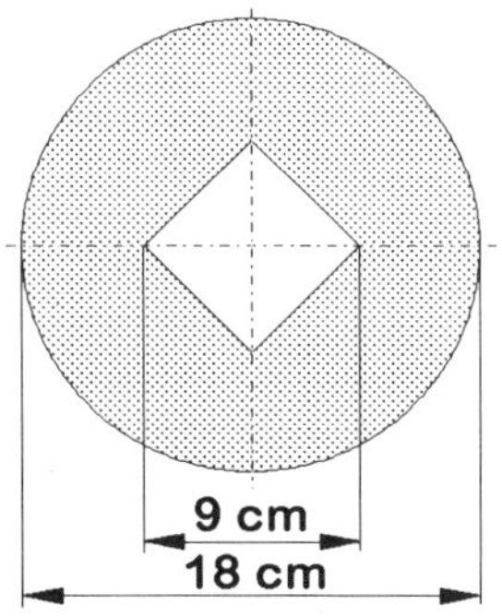

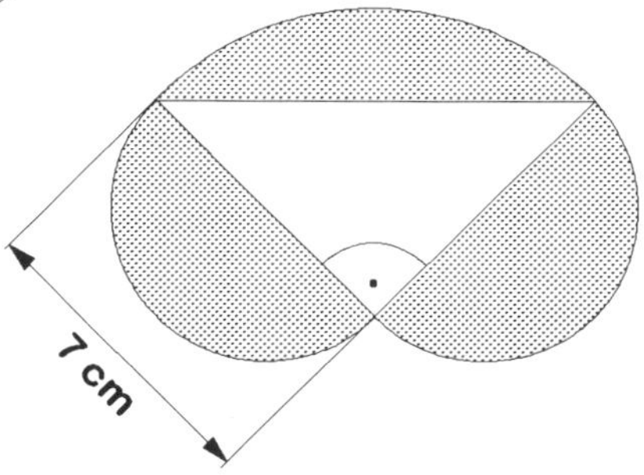

213,97 cm^2	V
104,36 cm^2	O
75,12 cm^2	H
150,80 cm^2	U
92,04 cm^2	E
131,81 cm^2	L
30,90 cm^2	K
64,00 cm^2	Z
50,00 cm^2	A
68,35 cm^2	O
112,98 cm^2	R
190,85 cm^2	N
87,12 cm^2	S
134,79 cm^2	G
201,06 cm^2	F
52,47 cm^2	I
63,62 cm^2	B
105,13 cm^2	D
19,63 cm^2	E
62,01 cm^2	S
190,85 cm^2	R

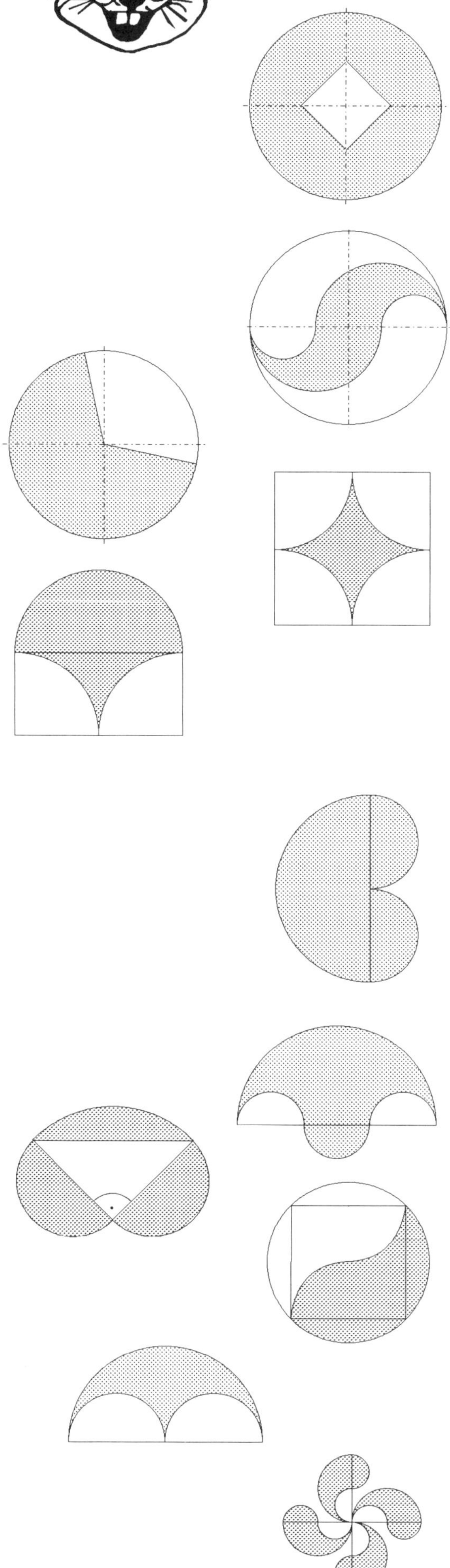

213,97 cm^2	V
150,80 cm^2	U
131,81 cm^2	L
30,90 cm^2	K
50,00 cm^2	A
190,85 cm^2	N
201,06 cm^2	F
52,47 cm^2	I
63,62 cm^2	B
19,63 cm^2	E
226,19 cm^2	R

Dr. F. Üxlein

Mathematische Rätsel- und Knobelaufgaben

Die einzelnen Puzzleteile werden in das große Schema übertragen. Wohin, das verraten Dir die Lösungen der einzelnen Aufgaben.

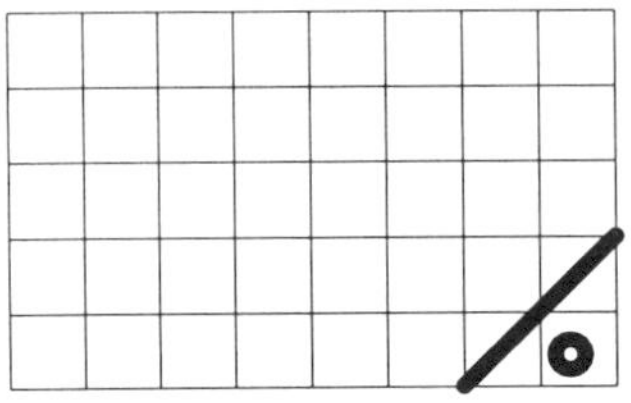

$(3x - 1)(4x - 5) = (2x - 1)(6x - 7)$

$12(2x + 1) - 15(x + 3) = 66$

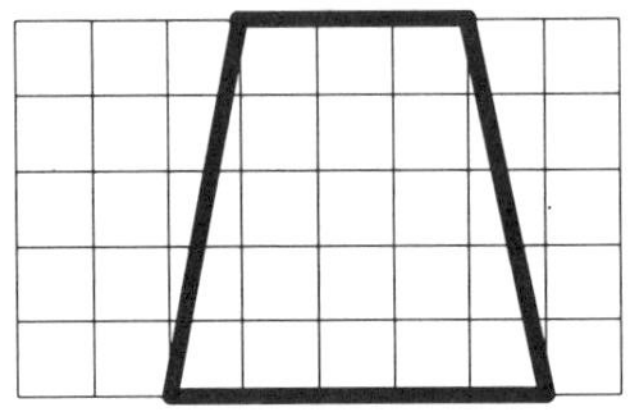

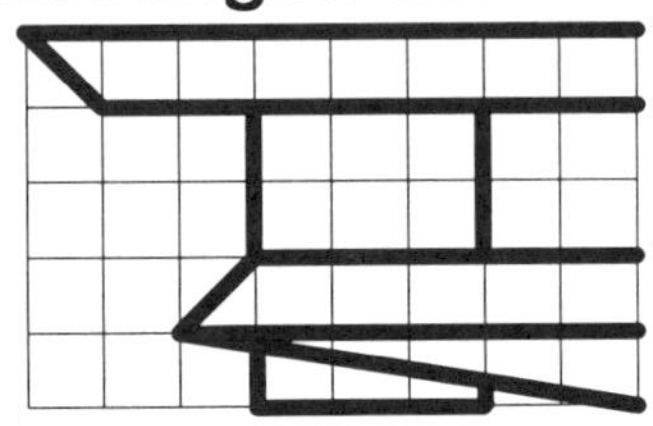

$8(6x - 2) = 5(x - 5) + 525$

$(x - 3)(x - 5) = (x - 11)x$

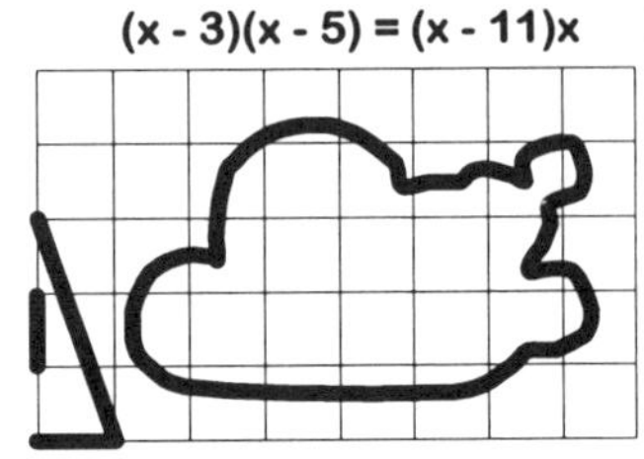

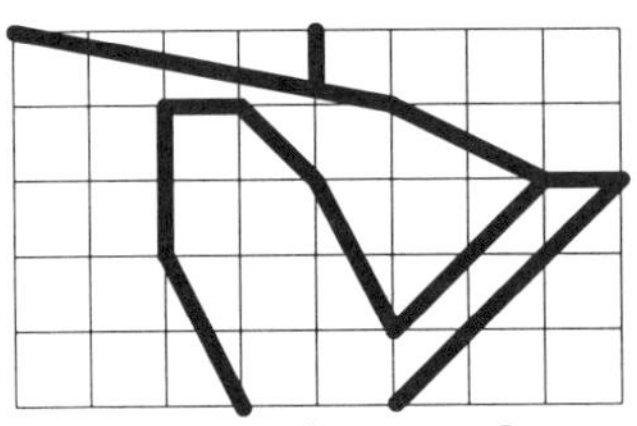

$(x + 7)^2 = (x - 5)^2$

$(x + 2)(3 + x) = (3 - x)^2 + 5x$

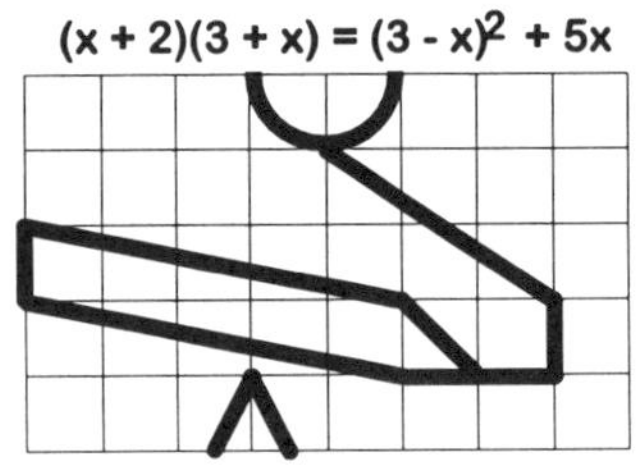

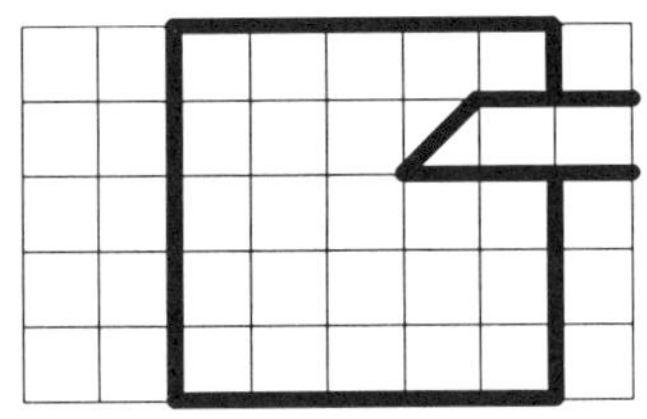

$(x + 5)^2 = (x - 4)^2$

$(2x + 1)(3x - 1) = 6x^2 + 3$

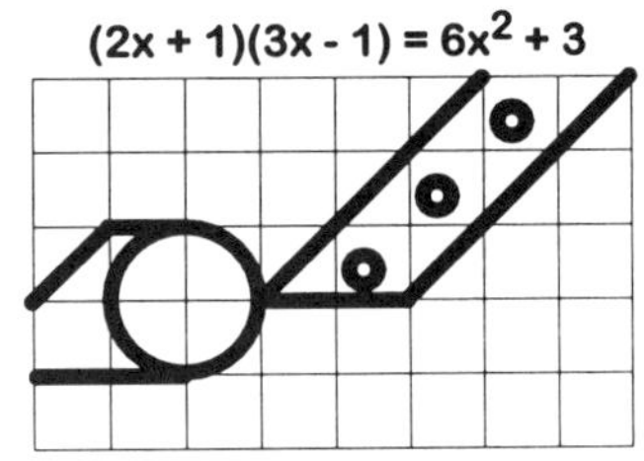

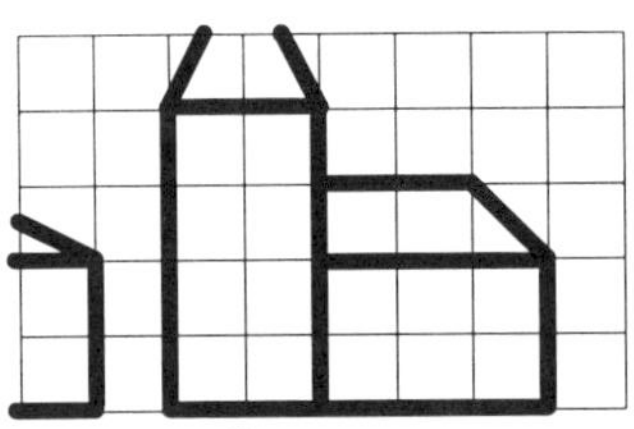

$(x - 11)^2 - (x + 9)^2 = 0$

$(x - 2)(x + 10) = (x + 2)^2$

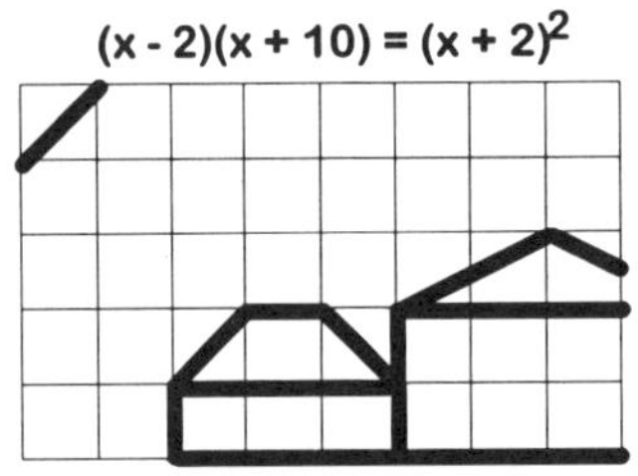

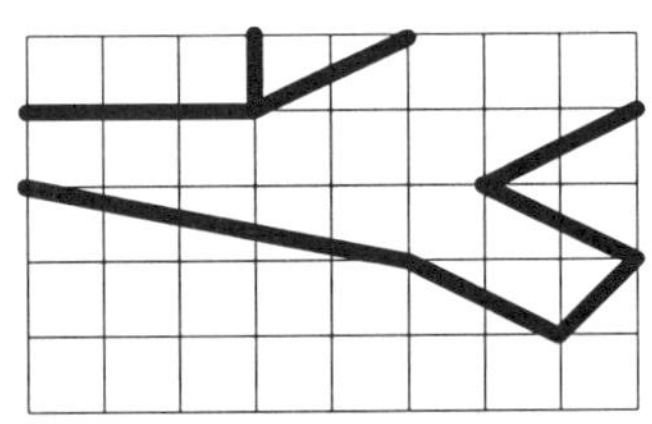

$3x - (7x - 25) = 2{,}5x - 66$

$(x + 5)^2 = x^2 + 95$

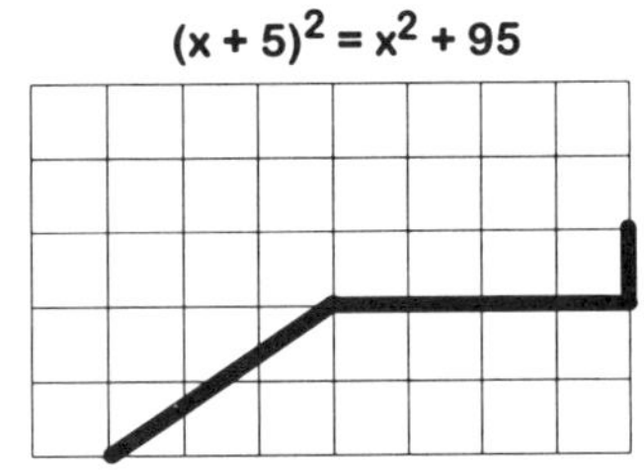

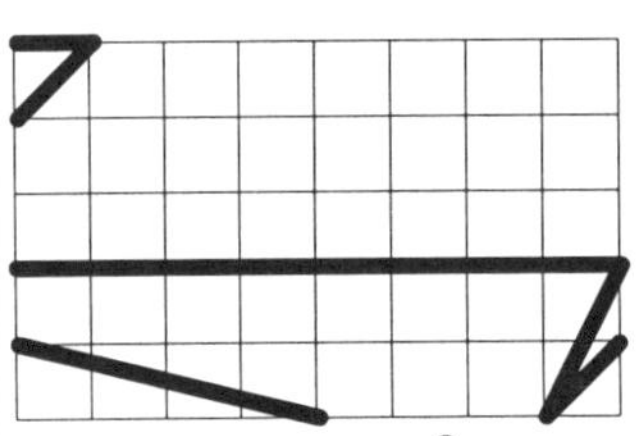

$(x + 7)(x - 4) = x^2 + 2$

$7(3x + 30) = -5x + 2$

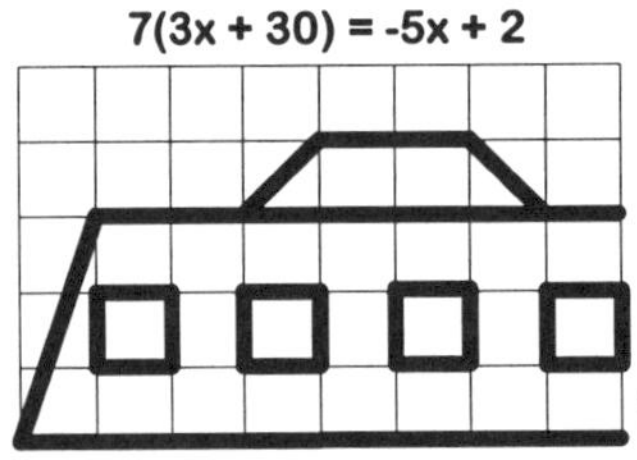

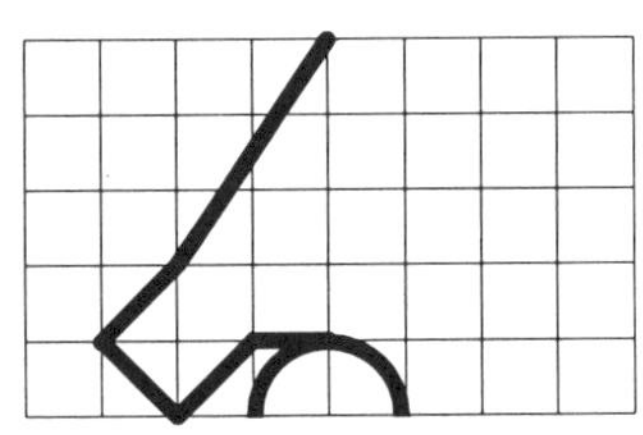

$(2x - 5)(6x - 22) = (4x - 19)(3x - 2)$

$(x + 6)^2 = (x + 2)^2$

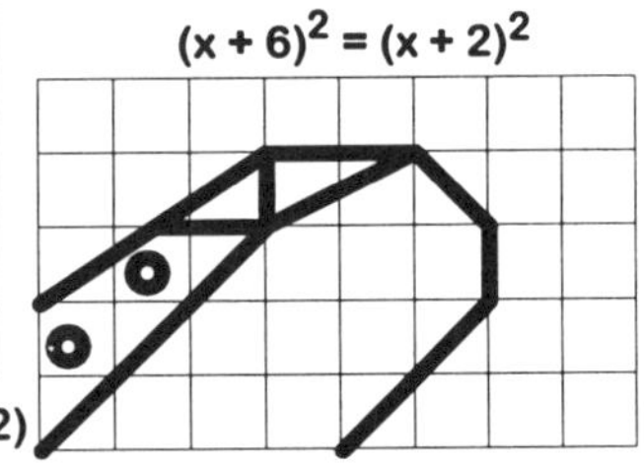

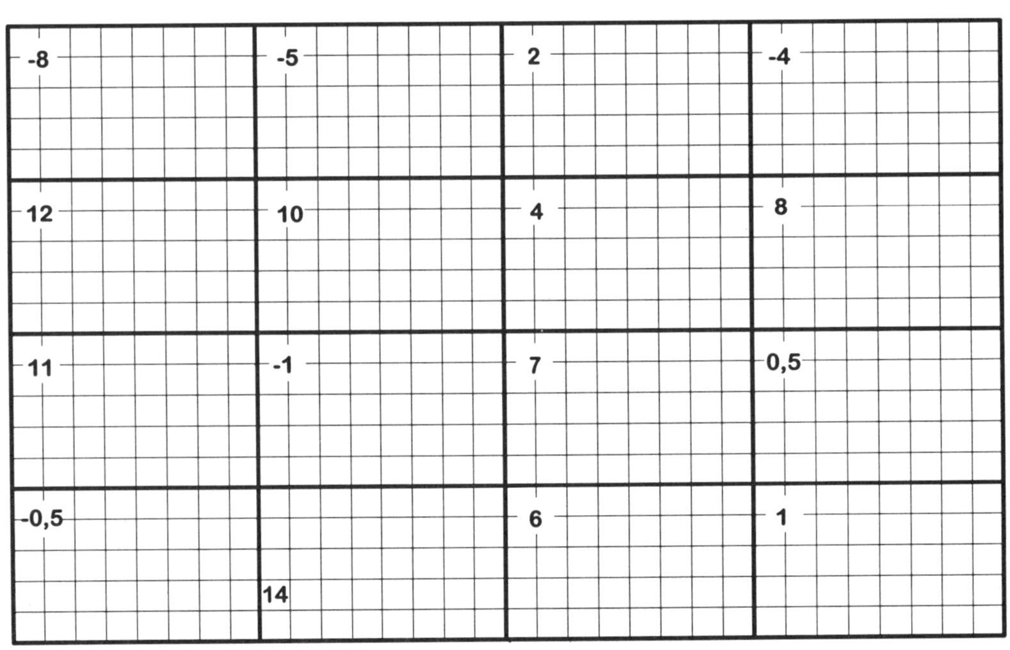

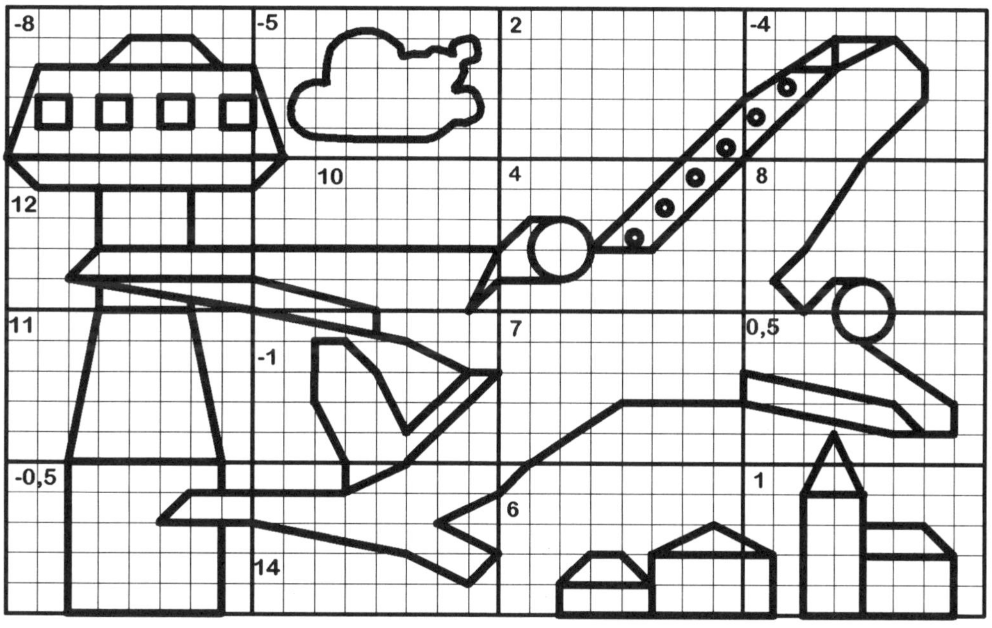
-8
-5
2
-4
10
4
8
12
11
7
0,5
-1
-0,5
1
6
14

Dr. F. Üxlein

Mathematische Rätsel- und Knobelaufgaben

Wenn Du die Gleichungen an den 12 Dreierwaben so durch eine Zahl ergänzt, daß Du links eine binomische Formel erhältst, dann sagt Dir Deine Lösung, wohin die Buchstaben dieser Wabe geschrieben werden müssen. Deine Lösung muß mit einer der Zahlen im großen Schema übereinstimmen. Wie lautet der englische Lösungsspruch, der aussagt, daß Dummheit und Reichtum sich nicht sonderlich gut vertragen?

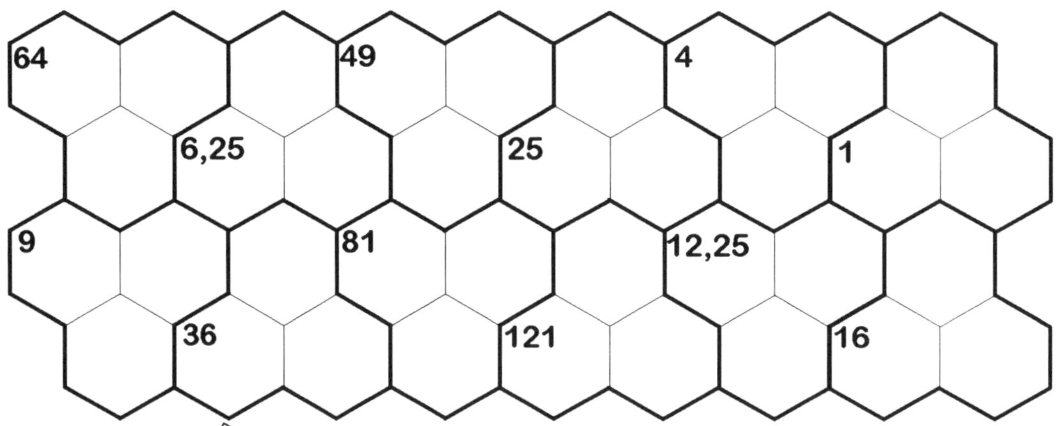

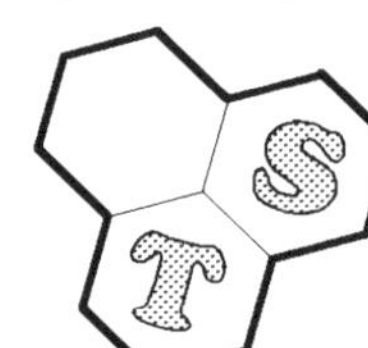

$x^2 + 18x + \square = 88 + \square$

$x^2 - 12x + \square = 13 + \square$

$x^2 + 7x + \square = 3{,}75 + \square$

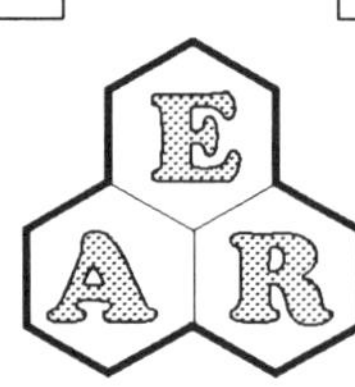

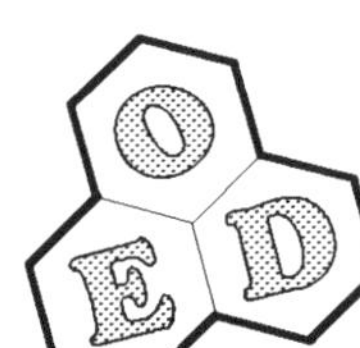

$x^2 - 4x + \square = 12 + \square$

$x^2 - 22x + \square = -40 + \square$

$x^2 - 8x + \square = 33 + \square$

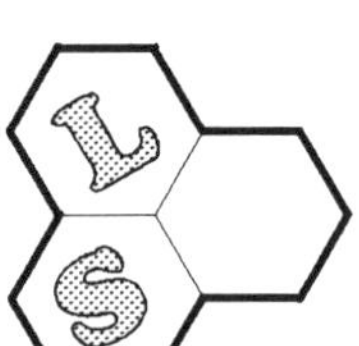

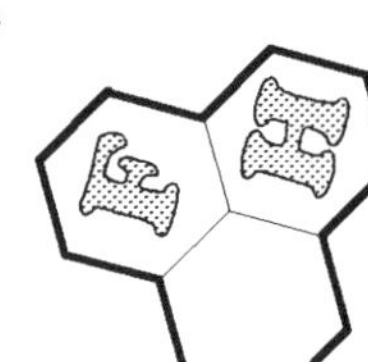

$x^2 - 10x + \square = 24 + \square$

$x^2 + 6x + \square = 72 + \square$

$x^2 + 5x + \square = 50 + \square$

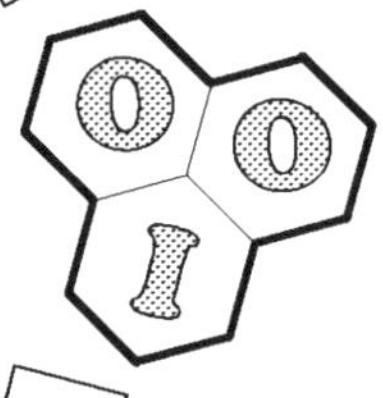

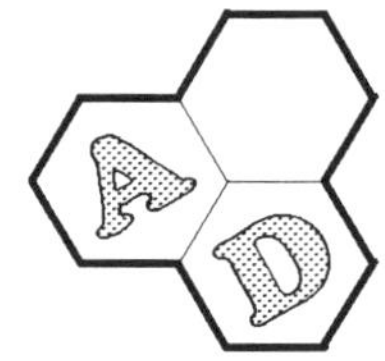

$x^2 - 14x + \square = -40 + \square$

$x^2 + 2x + \square = 120 + \square$

$x^2 + 16x + \square = 57 + \square$

A FOOL AND HIS MONEY ARE SOON PARTED

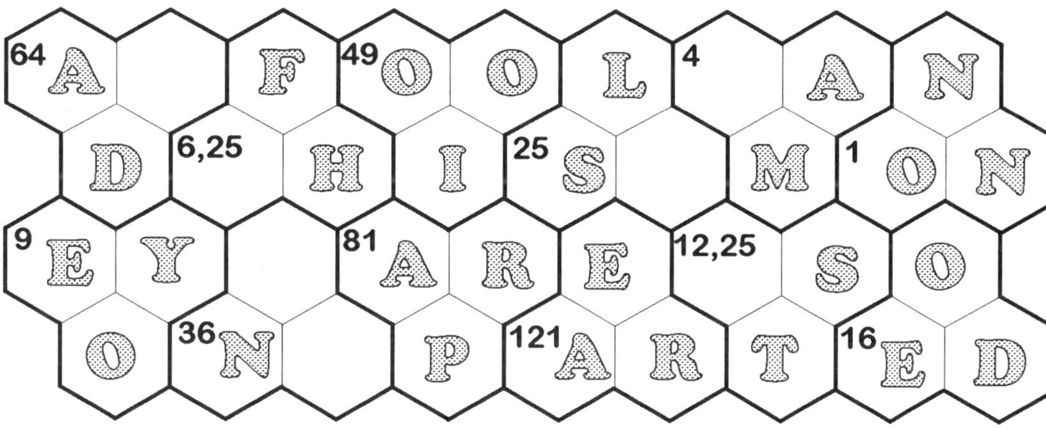

Dr. F. Üxlein

Mathematische Rätsel- und Knobelaufgaben

Löse die gemischt-quadratischen Gleichungen, die in den 14 Feldern stehen. Die Lösung findest Du, wenn Du richtig gerechnet hast, auf einem der Puzzleteile. Klebe dieses Teil an die entsprechende Stelle.

$x^2 + 8x + 15 = 0$	$x^2 + 16x + 15 = 0$	$x^2 + 20x + 84 = 0$
$x^2 + 6x - 27 = 0$	$x^2 + 10x - 144 = 0$	$x^2 + 12x - 45 = 0$
$x^2 + 17x - 18 = 0$	$x^2 - 10x + 24 = 0$	$x^2 - 15x + 36 = 0$
$x^2 - 16x + 55 = 0$	$x^2 - 24x + 128 = 0$	
$x^2 - 0{,}4x - 0{,}32 = 0$	$x^2 + 14x + 48 = 0$	
$x^2 - 9x + 20 = 0$		

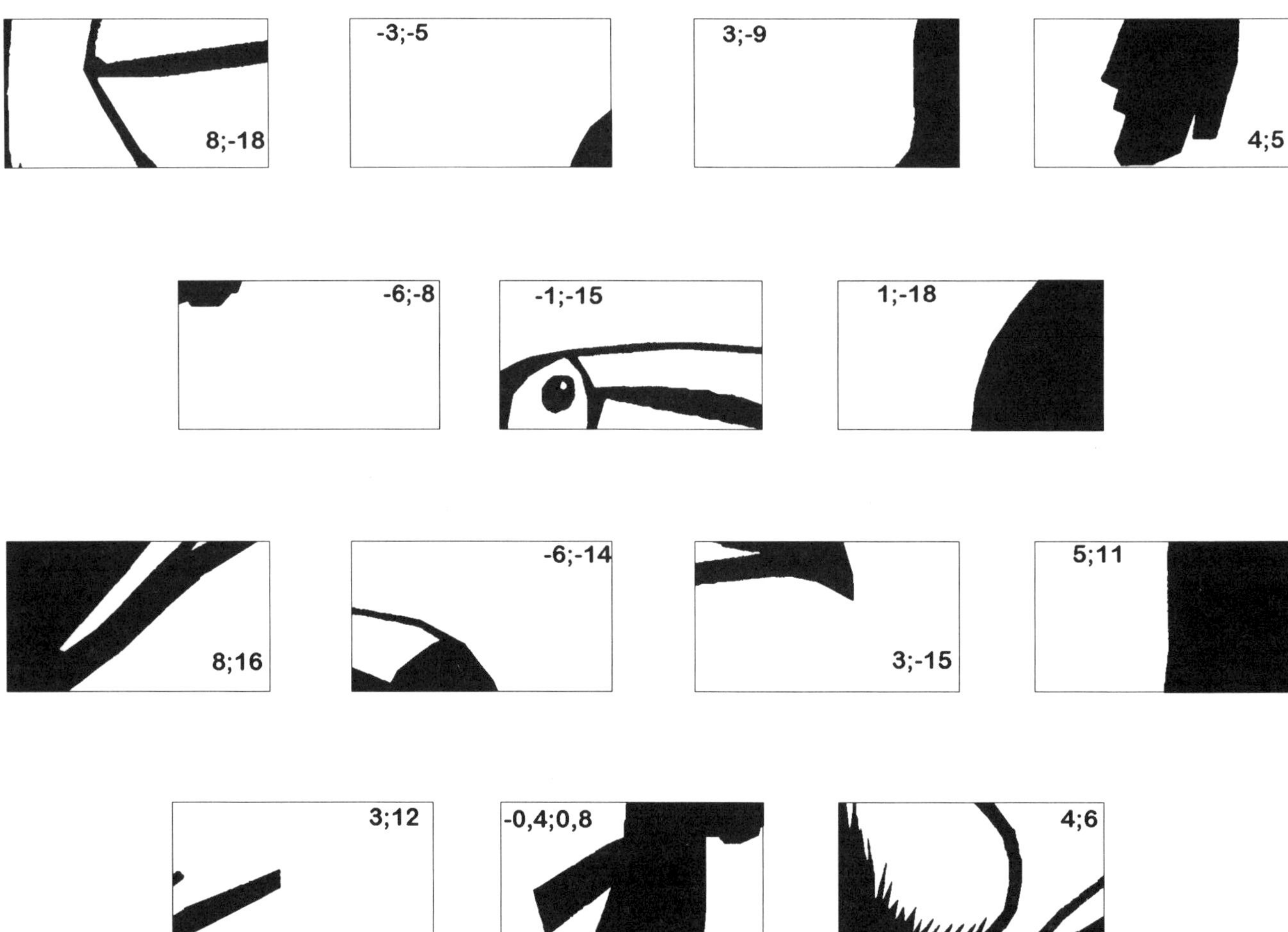

Dr. F. Üxlein

Mathematische Rätsel- und Knobelaufgaben

Der Satz des Vieta sagt aus, daß für die Lösungen x_1, x_2 der gemischtquadratischen Gleichung $x^2 + px + q$ gilt:

$x_1 + x_2 = -p$ und $x_1 \cdot x_2 = q$.

Zerlege die gemischtquadratischen Gleichungen so geschickt, daß Du die Lösung sofort angeben kannst. Deine Lösung sagt Dir auch, wohin die einzelnen Puzzleteile gehören.

$x^2 - 10x + 9 = 0$	$x^2 - 8x - 48 = 0$	$x^2 + 10x - 200 = 0$	$x^2 - 20x + 51 = 0$
$x^2 - 30x + 200 = 0$	$x^2 + 20x + 64 = 0$	$x^2 - 24x - 81 = 0$	$x^2 - 20x + 75 = 0$
$x^2 - 2x - 99 = 0$	$x^2 - 2x - 35 = 0$	$x^2 + 9x - 70 = 0$	$x^2 + 8x + 12 = 0$
$x^2 - 1x - 30 = 0$	$x^2 - 13x + 30 = 0$	$x^2 + 2x - 63 = 0$	$x^2 - 30x + 81 = 0$

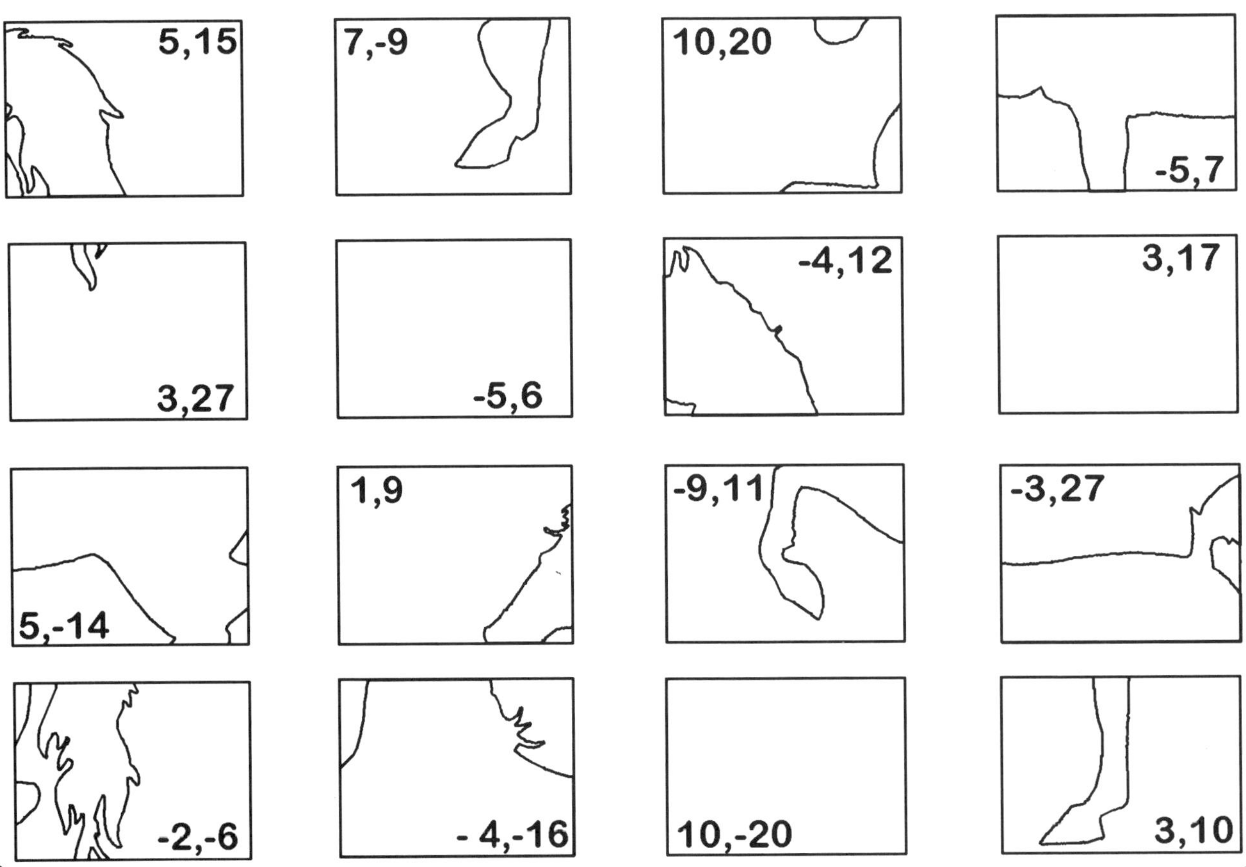

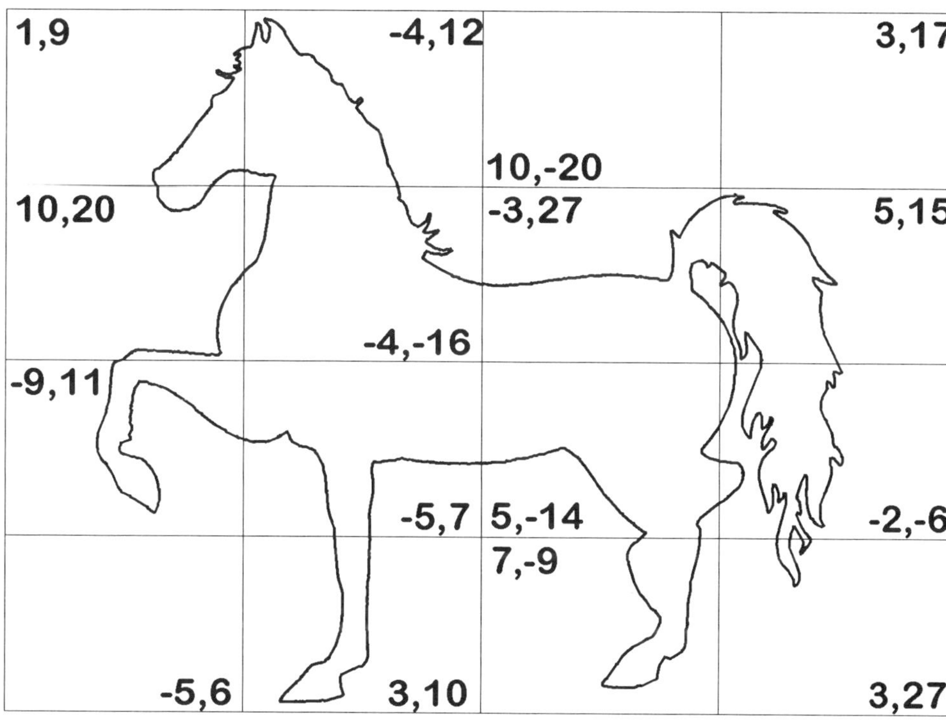
1,9
-4,12
3,17
10,-20
10,20
-3,27
5,15
-4,-16
-9,11
-5,7
5,-14
-2,-6
7,-9
-5,6
3,10
3,27